D1446601

FRENCH

140 SPEED TESTS TO BOOST YOUR FLUENCY

60-Second Vocabulary Workouts

PASSPORT BOOKS

NTC/Contemporary Publishing Group

Other titles in the *60-Second Workouts* series
French Grammar
Spanish Vocabulary
Spanish Grammar

This edition first published in 2000 by Passport Books
A division of NTC/Contemporary Publishing Group, Inc.
4255 West Touhy Avenue, Lincolnwood (Chicago), Illinois 60712-1975 U.S.A.
Copyright © 1999 CompactVerlag München
Printed in Canada
International Standard Book Number: 0-658-00440-9
00 01 02 03 04 05 VP 19 18 17 16 15 14 13 12 11 10 9 8 7 6 5 4 3 2 1

Introduction

60-Second French Vocabulary Workouts is designed to enable you to test and improve your French word power both quickly and conveniently.

These 140 short exercises, with their clear and compact design, makes this book the ideal personal trainer for your spare moments—whether you're on the bus or train, waiting at a bus stop or train station, taking a midmorning break, or relaxing at home.

Containing more than 2,000 questions, it provides a thorough examination of all the basic and essential French vocabulary you should know. As you progress through the book, you'll find your exercise becomes increasingly challenging—and the instructional tone more demanding! But don't worry, the variety of the workouts will maintain your interest and motivation throughout.

Simply equip yourself with a pen or pencil, and write your responses in the book. Pit yourself against the clock, and you'll be honing your response time and improving your fluency in the language. The correct answers can be quickly checked on the opposite page in the gray panel.

So, what are you waiting for? The stopwatch is running!

Contents

Workout 1: a. blanc & noir b. nain & géant c. début & fin d. magnifique & laid e. jeune & âgé
f. ami & ennemi g. passé & futur h. intérieur & extérieur i. partir & rester j. enfant & adulte
k. guerre & paix l. solide & liquide m. fort & faible n. heureux & mécontent o. matin & soir

1. NOIR & BLANC Can you connect the matching opposites?

a. blanc	faible
b. nain	extérieur
c. début	rester
d. magnifique	liquide
e. jeune	soir
f. ami	adulte
g. passé	fin
h. intérieur	géant
i. partir	ennemi
j. enfant	mécontent
k. guerre	âgé
l. solide	laid
m. fort	paix
n. heureux	futur
o. matin	noir

2. TROUVEZ L'INTRUS Can you find the odd-word-out?

a. tigre, lion, perroquet, léopard

b. détestable, gentil, serviable, sympathique

c. pluie, soleil, orage, éclairs

d. aider, assister, abandonner, seconder

e. éternel, instantané, soudain, immédiat

f. sentir, manger, renifler, flairer

g. caillou, pierre, rocher, eau

h. partir, rester, aller, quitter

i. rose, pâquerette, chêne, tulipe

j. voiture, crayon, stylo, feutre

k. horloge, fenêtre, montre, réveil

l. boire, penser, rêver, imaginer

m. océan, mer, montagne, lac

n. manteau, anorak, écharpe, pardessus

o. guitare, verre, piano, violon

Workout 3: a. instruit b. cher c. excités d. mûres e. malade f. mauvais g. méchant h. ouverte
i. bavarde j. excellent k. sales l. pharmacie m. petit n. tombent o. soif

3. COMPLÉTEZ LES PHRASES Can you fill the blanks with the correct word?

a. Cet homme est _ _ _ _ _ _ _ _. Il sait beaucoup de choses.

b. Ces vêtements coûtent _ _ _ _ _ _ _ _. Je ne peux pas les acheter.

c. Les enfants sont _ _ _ _ _ _ _ _. Ils devraient se calmer.

d. Les cerisessont _ _ _ _ _ _ _ _. Il faut les cueillir.

e. Sa fille est _ _ _ _ _ _ _ _. Elle a appelé le médecin.

f. Il fait trop _ _ _ _ _ _ _ _. Nous ne pouvons pas sortir.

g. Ce chien est _ _ _ _ _ _ _ _. Il m'a mordue.

h. La banque est-elle _ _ _ _ _ _ _ _? Je dois aller chercher de l'argent.

i. Elle est _ _ _ _ _ _ _ _. Elle parle tout le temps.

j. Ce gâteau est _ _ _ _ _ _ _ _. Puis-je en reprendre?

k. Tes mains sont _ _ _ _ _ _ _ _. Va les laver!

l. Où est la _ _ _ _ _ _ _ _? Je dois acheter des médicaments.

m. Je suis trop _ _ _ _ _ _ _ _. J'ai besoin d'une échelle.

n. Les feuilles _ _ _ _ _ _ _ _. C'est l'automne.

o. J'ai _ _ _ _ _ _ _ _. Sers-moi un verre d'eau s'il te plaît.

sales
ouverte
excellent
bavarde
méchant
excités
instruit
tombent
malade
petit
soif
pharmacie
cher
mûres
mauvais

4. QUELS SONT LES SYNONYMES? Can you tell which synonyms make a pair?

a. journal

b. bureau

c. miroir

d. réclamer

e. épuisé

f. opinion

g. certain

h. moment

i. simple

j. publier

k. content

l. splendide

m. interroger

n. semblable

o. distance

&

fatigué

demander

similaire

sûr

instant

pupitre

magnifique

avis

magazine

heureux

questionner

aisé

éloignement

éditer

glace

Workout 5: a. de l'Algérie b. de l'Italie c. de la Californie d. du Japon e. de la Belgique
f. de la Russie g. du Chili h. de la Grande-Bretagne i. de l'Afrique du Sud j. de la Turquie
k. de la Chine l. du Mexique m. de l'Egypte n. du Danemark o. des Pays-Bas

5. LES PAYS ET LEUR CAPITALE Do you know your countries?

a. Alger est la capitale ----------------------- →   *du Danemark*

b. Rome est la capitale ----------------------- →   *de la Chine*

c. Sacramento est la capitale ----------------- →   *de la Turquie*

d. Tokyo est la capitale ----------------------- →   *de la Grande-Bretagne*

e. Bruxelles est la capitale ------------------- →   *des Pays-Bas*

f. Moscou est la capitale --------------------- →   *de la Californie*

g. Santiago est la capitale -------------------- →   *de l'Italie*

h. Londres est la capitale --------------------- →   *de la Belgique*

i. Le Cap est la capitale ---------------------- →   *de l'Egypte*

j. Ankara est la capitale ---------------------- →   *de l'Algérie*

k. Pékin est la capitale ----------------------- →   *du Mexique*

l. Mexico est la capitale ---------------------- →   *de la Russie*

m. Le Caire est la capitale ------------------- →   *du Japon*

n. Copenhague est la capitale --------------- →   *du Chili*

o. Amsterdam est la capitale ------------------ →   *de l'Afrique du Sud*

6. "UN" OU "UNE"? Can you complete the sentences with the indefinite article?

a. J'ai vu _ _ _ _ _ girafe au zoo.

b. Il vit dans _ _ _ _ _ studio.

c. Je l'ai attendu pendant _ _ _ _ _ heure.

d. J'ai dormi à l'hôtel _ _ _ _ _ nuit.

e. Ils attendent la visite d'_ _ _ _ _ ami.

f. Avez-vous _ _ _ _ _ animal chez vous?

g. J'aimerais boire _ _ _ _ _ verre d'eau.

h. Elle m'a offert _ _ _ _ _ plante verte.

i. J'ai trouvé _ _ _ _ _ malle au grenier.

j. Ils ont _ _ _ _ _ coffre-fort à la banque.

k. Y a-t-il _ _ _ _ _ université dans cette ville?

l. Ils ont _ _ _ _ _ armoire dans leur chambre.

m. Nous avons réservé _ _ _ _ _ compartiment.

n. Elle a trouvé _ _ _ _ _ appartement au centre-ville.

o. Je connais _ _ _ _ _ bonne auberge dans ce village.

Workout 7: a. petit & grand b. paradis & enfer c. peut-être & sûrement d. envoyer & recevoir
e. inférieur & supérieur f. facile & difficile g. soustraction & addition h. locataire & propriétaire
i. fade & épicé j. sauvage & apprivoisé k. clair & foncé l. avare & généreux
m. acheter & vendre n. construire & démolir o. richesse & pauvreté

7. PETIT & ... Can you match the opposites?

a. petit
b. paradis
c. peut-être
d. envoyer
e. inférieur
f. facile
g. soustraction
h. locataire
i. fade
j. sauvage
k. clair
l. avare
m. acheter
n. construire
o. richesse

&

recevoir
pauvreté
vendre
addition
grand
sûrement
démolir
épicé
difficile
propriétaire
généreux
foncé
enfer
supérieur
apprivoisé

8. HOMONYMES Can you circle the correct word?

a. Indiquez-moi votre **nom/non** et votre prénom.

b. Les enfants ont fait un château avec leurs pelles et leur **sot/seau**.

c. Je trouve ce pull très **laie/laid**. Je n'ai pas envie de l'acheter.

d. J'ai mangé tellement de chocolat que j'ai mal au **foie/fois**.

e. Nous avons décoré notre **salle/sale** de classe.

f. Il fait très **beau/bot** aujourd'hui.

g. Heureusement, nous sommes **seins/sains** et saufs.

h. Le hareng **sort/saur** est une spécialité scandinave.

i. Nous avons dormi sous la **tante/tente**.

j. Il a un **corps/cor** d'athlète.

k. J'ai **mal/mâle** aux dents.

l. J'ai mangé des **dattes/dates** en Tunisie.

m. Le médecin m'a fait une prise de **sans/sang**.

n. Je n'ai pas le **temps/tant** de relire ma leçon.

o. Mon bébé a la peau **seiche/sèche**.

Workout 9: a. temps b. rentrée c. immeubles d. vert e. stylo f. jumelle g. à h. température
i. violon j. feu k. réservé l. rien m. fêter n. battu o. grève

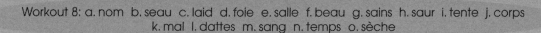

9. COMPLÉTEZ LES PHRASES Can you complete these sentences?

a. Nous avons eu du beau _ _ _ _ _ _ _ pendant les vacances.

b. La _ _ _ _ _ _ _ _ des classes a lieu début septembre.

c. Ils ont construit de beaux _ _ _ _ _ _ _ _ à côté de chez nous.

d. Ma couleur préférée est le _ _ _ _ _ _ _.

e. J'ai perdu mon _ _ _ _ _ _ _. Je ne peux pas lui écrire.

f. Elle a une sœur _ _ _ _ _ _ _ _.

g. Je me suis abonné _ _ _ _ _ _ _ ce journal.

h. Le médecin a pris sa _ _ _ _ _ _ _ _.

i. Il joue du _ _ _ _ _ _ _.

j. L'immeuble a pris _ _ _ _ _ _ _.

k. As-tu _ _ _ _ _ _ _ _ une table?

l. Nous n'avons _ _ _ _ _ _ _ à déclarer.

m. Ce week-end, nous allons _ _ _ _ _ _ _ mon anniversaire.

n. Il a _ _ _ _ _ _ _ tous les records.

o. Les ouvriers font _ _ _ _ _ _ _.

feu
fêter
temps
violon
réservé
grève
immeubles
battu
rien
rentrée
stylo
à
température
jumelle
vert

a. fleurs

b. bleu

c. œuf

d. date

e. ampoule

f. doigt

g. livre

h. drap

i. placard

j. dés

k. ouvrier

l. appartement

m. piano

n. tourisme

o. crayons

&

main

vacances

bibliothèque

meubles

jeu

immeuble

jardin

usine

musique

calendrier

trousse

couleur

lampe

poule

lit

Workout 11: a. minuscule b. casserole c. pantalon d. pleurer e. tulipe f. pèlerinage
g. violoncelle h. outil i. enseigner j. carotte k. président l. assiette m. téléviseur n. plateau
o. compas

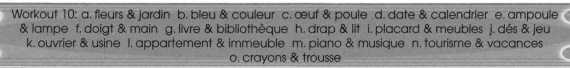

Workout 10: a. fleurs & jardin b. bleu & couleur c. œuf & poule d. date & calendrier e. ampoule
& lampe f. doigt & main g. livre & bibliothèque h. drap & lit i. placard & meubles j. dés & jeu
k. ouvrier & usine l. appartement & immeuble m. piano & musique n. tourisme & vacances
o. crayons & trousse

11. CHERCHEZ L'INTRUS Can you spot the odd-word-out?

a. haut, minuscule, élevé, grand

b. cuiller, couteau, casserole, fourchette

c. pantalon, valise, sac, malle

d. distraire, pleurer, divertir, amuser

e. tulipe, rougeole, oreillons, varicelle

f. étoile, astre, comète, pèlerinage

g. église, violoncelle, mosquée, temple

h. outil, magasin, boutique, échoppe

i. organiser, arranger, préparer, enseigner

j. peuplier, châtaignier, carotte, érable

k. président, pays, nation, Etat

l. chaudron, assiette, poêle, cocotte-minute

m. téléviseur, tabouret, chaise, fauteuil

n. rivière, ruisseau, plateau, fleuve

o. compas, carré, triangle, rectangle

12. TROUVEZ LE BON SUBSTANTIF Can you select the noun that fits best?

a. Je te souhaite un joyeux _ _ _ _ _ _ _ _ !
b. Ce film a connu un énorme _ _ _ _ _ _ _ _.
c. Il est resté vieux _ _ _ _ _ _ _ _.
d. J'ai un mauvais _ _ _ _ _ _ _ _.
e. C'était une simple _ _ _ _ _ _ _ _.
f. Ce fut un bel _ _ _ _ _ _ _ _.
g. Ils ont fait un grand _ _ _ _ _ _ _ _.
h. Tu devrais t'adresser à cette jeune _ _ _ _ _ _ _ _.
i. Nous avons mangé de délicieux petits _ _ _ _ _ _ _ _.
j. Il vient de conclure une grosse _ _ _ _ _ _ _ _.
k. Elle le regardait avec un large _ _ _ _ _ _ _ _.
l. Ils m'ont souhaité bonne _ _ _ _ _ _ _ _.
m. Je ne l'ai vue qu'un court _ _ _ _ _ _ _ _.
n. Je pense recevoir ce paquet à bref _ _ _ _ _ _ _ _.
o. Ma cousine est une excellente _ _ _ _ _ _ _ _.

fours
voyage
formalité
cuisinère
garçon
pressentiment
affaire
anniversaire
été
instant
chance
délai
succès
fille
sourire

Workout 13: a. 1 b. 2 c. 1 d. 3 e. 3 f. 2

13. TROUVEZ LES VERBES ÉQUIVALENTS Do you know which verb is the synonym?

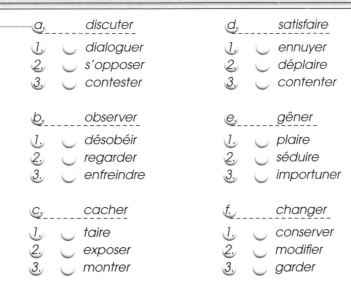

a. _____ discuter
1. ◡ dialoguer
2. ◡ s'opposer
3. ◡ contester

b. _____ observer
1. ◡ désobéir
2. ◡ regarder
3. ◡ enfreindre

c. _____ cacher
1. ◡ taire
2. ◡ exposer
3. ◡ montrer

d. _____ satisfaire
1. ◡ ennuyer
2. ◡ déplaire
3. ◡ contenter

e. _____ gêner
1. ◡ plaire
2. ◡ séduire
3. ◡ importuner

f. _____ changer
1. ◡ conserver
2. ◡ modifier
3. ◡ garder

14. REMPLISSEZ LES BLANCS Can you put the correct word in each blank?

a. Je les ai _ _ _ _ _ _ _ _ à notre mariage.

b. Le _ _ _ _ _ _ _ _ est monté sur le podium.

c. Leur voyage autour du monde a duré _ _ _ _ _ _ _ _ trois ans.

d. As-tu déjà vu ce _ _ _ _ _ _ _ _ au cinema?

e. Je lui ai _ _ _ _ _ _ _ _ une montre pour Noël.

f. Je pars toujours skier en _ _ _ _ _ _ _ _.

g. L'orage a _ _ _ _ _ _ _ _ toute la nuit.

h. Ses enfants passent leurs vacances en _ _ _ _ _ _ _ _.

i. Les ouvriers _ _ _ _ _ _ _ _ de faire grève cette semaine.

j. Le pianiste était accompagné d'une _ _ _ _ _ _ _ _ violoniste.

k. Nous avons pris le _ _ _ _ _ _ _ _ pour aller au musée.

l. J'ai été _ _ _ _ _ _ _ _ par un moustique.

m. J'ai _ _ _ _ _ _ _ _ des films de science-fiction.

n. Son entreprise est _ _ _ _ _ _ _ _.

o. J'_ _ _ _ _ _ _ _ les fraises.

- offert
- métro
- horreur
- piqué
- excellente
- menacent
- vainqueur
- presque
- invités
- déficitaire
- adore
- colonie
- grondé
- hiver
- film

Workout 15: a. gros & maigre b. sucré & salé c. doux & rugueux d. propre & sale
e. parler & se taire f. sérieux & déluré g. rond & carré h. partir & arriver i. mûr & vert
j. pluriel & singulier k. naître & mourir l. conducteur & passager m. pratique & théorie
n. horizontal & vertical o. gauche & droite

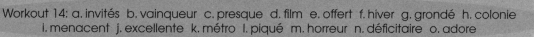

Workout 14: a. invités b. vainqueur c. presque d. film e. offert f. hiver g. grondé h. colonie
i. menacent j. excellente k. métro l. piqué m. horreur n. déficitaire o. adore

15. GROS & ... Can you match the opposites?

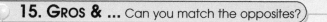

a. gros
b. sucré
c. doux
d. propre
e. parler
f. sérieux
g. rond
h. partir
i. mûr
j. pluriel
k. naître
l. conducteur
m. pratique
n. horizontal
o. gauche

- mourir
- singulier
- déluré
- passager
- vert
- maigre
- vertical
- salé
- se taire
- sale
- arriver
- théorie
- rugueux
- droite
- carré

16. -ET, -AI, -AIE, ... Can you complete the sentences with the correct "-ay"?

a. N'oublie pas ton bonn_ _ _ _ _ et tes gants pour le ski!

b. A tes souh_ _ _ _ _!

c. J'ai reçu un paqu_ _ _ _ _ ce matin.

d. Ils ont planté des cypr_ _ _ _ _ au fond de leur jardin.

e. La serveuse s'est trompée en me rendant la monn_ _ _ _ _.

f. Les enfants ont appris toutes les lettres de l'alphab_ _ _ _ _.

g. Je changerai les t_ _ _ _ _ d'oreiller et les draps avant son arrivée.

h. Le ge_ _ _ _ _ est un petit oiseau.

i. Elle vit dans un véritable pal_ _ _ _ _.

j. J'aime beaucoup les portr_ _ _ _ _ de ce peintre.

k. Les mariés se font prendre en photo dans la roser_ _ _ _ _.

l. A la fin du marché, les fruits et les légumes sont vendus au rab_ _ _ _ _.

m. Nous ne sommes pas allés jusqu'au somm_ _ _ _ _.

n. J'ai étudié le problème sous tous ses asp_ _ _ _ _, mais je n'ai pas trouvé de solution.

o. Refais tes lac_ _ _ _ _, tu vas tomber!

Workout 17: a. dans une école b. dans un avion c. dans un garage d. dans une cuisine
e. dans un bar f. dans une église g. dans une bijouterie h. dans un atelier i. dans un hôpital
j. au parlement k. dans la forêt l. dans un bureau m. dans une maternité
n. dans une charcuterie o. sur un chantier

Workout 16: a. bonnet b. souhaits c. paquet d. cyprès e. monnaie f. alphabet g. taies h. geai
i. palais j. portraits k. roseraie l. rabais m. sommet n. aspects o. lacets

17. CHACUN SON MÉTIER Do you know where these people work?

a. une institutrice - ➤

b. une hôtesse de l'air - - - - - - - - - - - - - - - - - ➤

c. un mécanicien - ➤

d. un cuisinier - ➤

e. une serveuse - ➤

f. un prêtre - ➤

g. un bijoutier - ➤

h. un menuisier - ➤

i. un médecin - ➤

j. un député - ➤

k. un bûcheron - ➤

l. une secrétaire - ➤

m. une sage-femme - - - - - - - - - - - - - - - - - - - ➤

n. un charcutier - ➤

o. un maçon - ➤

18. RETROUVEZ L'INTRUS Can you tell which word is the outsider ?

a. joyeux, gai, heureux, mécontent

b. éclair au chocolat, soupe aux choux, baba au rhum, tarte aux fraises

c. patinage, télévision, natation, course

d. fatiguer, rafraîchir, lasser, éreinter

e. roseau, pommier, cerisier, abricotier

f. société, entreprise, édition, firme

g. travail, emploi, profession, oisiveté

h. point d'exclamation, virgule, chiffre, point d'interrogation

i. solitude, réunion, meeting, rencontre

j. prévoir, négliger, estimer, évaluer

k. complimenter, féliciter, critiquer, congratuler

l. tristesse, fête, cérémonie, noce

m. sale, crasseux, malpropre, impeccable

n. histoire, récit, tableau, conte

o. plaire, choquer, charmer, fasciner

Workout 19: a. permis de conduire b. moule à gâteau c. château de sable d. ceinture de sécurité e. carte d'identité f. salle de bains g. stylo à plume h. clé à molette i. pince à épiler j. trousse de toilette k. crème à raser l. boîte à musique m. cloche à fromage n. clin d'œil o. cave à vins

Workout 18: a. mécontent b. soupe aux choux c. télévision d. rafraîchir e. roseau f. édition
g. oisiveté h. chiffre i. solitude j. négliger k. critiquer l. tristesse m. impeccable n. tableau
o. choquer

19. RECONSTITUEZ LES TERMES Can you form the correct compound nouns?

a. permis
b. moule
c. château
d. ceinture
e. carte
f. salle
g. stylo
h. clé
i. pince
j. trousse
k. crème
l. boîte
m. cloche
n. clin
o. cave

&

à épiler
à musique
à molette
à fromage
d'œil
à gâteau
de sécurité
à vins
de sable
de conduire
à plume
d'identité
à raser
de toilette
de bains

20. BEAU & ... Can you match the synonyms?

a. beau
b. vieux
c. bâtiment
d. mot
e. excursion
f. fenêtre
g. calme
h. oublier
i. oiseau
j. instrument
k. peur
l. monter
m. arrêter
n. révolte
o. bague

visite
omettre
outil
édifice
anneau
cesser
âgé
joli
baie vitrée
soulèvement
tranquille
terme
volatile
crainte
grimper

Worout 21: a. son poulain b. son veau c. ses chatons d. son chevreau e. ses chiots
f. ses lionceaux g. ses canetons h. ses agneaux i. ses aiglons j. ses marcassins k. ses lapereaux
l. ses oisillons m. son ânon n. ses poussins o. son éléphanteau

Workout 20: a. beau & joli b. vieux & âgé c. bâtiment & édifice d. mot & terme e. excursion & visite f. fenêtre & baie vitrée g. calme & tranquille h. oublier & omettre i. oiseau & volatile j. instrument & outil k. peur & crainte l. monter & grimper m. arrêter & cesser n. révolte & soulèvement o. bague & anneau

21. LES ANIMAUX & LEURS PETITS Do you know what the young are called?

a. La jument surveille _ _ _ _ _ _ _ _.

b. La vache allaite _ _ _ _ _ _ _ _.

c. La chatte joue avec _ _ _ _ _ _ _ _.

d. La chèvre lèche _ _ _ _ _ _ _ _.

e. La chienne et _ _ _ _ _ _ _ _ aboient.

f. La lionne nourrit _ _ _ _ _ _ _ _.

g. La cane se promène avec _ _ _ _ _ _ _ _.

h. La brebis protège _ _ _ _ _ _ _ _.

i. L'aigle abrite _ _ _ _ _ _ _ _.

j. La laie s'occupe de _ _ _ _ _ _ _ _.

k. La lapine nettoie _ _ _ _ _ _ _ _.

l. L'oiseau fait attention à _ _ _ _ _ _ _ _.

m. L'ânesse élève _ _ _ _ _ _ _ _.

n. La poule court après _ _ _ _ _ _ _ _.

o. L'éléphant éduque _ _ _ _ _ _ _ _.

ses lionceaux

ses chiots

son ânon

ses lapereaux

ses aiglons

son chevreau

ses chatons

son éléphanteau

son veau

ses poussins

ses canetons

son poulain

ses agneaux

ses marcassins

ses oisillons

22. "PLUS" OU "MOINS"? Can you select the correct word?

a. Une voiture roule _ _ _ _ _ _ _ vite qu'un poids lourd.

b. Généralement, un livre est _ _ _ _ _ _ _ épais qu'un magazine.

c. Le chien court _ _ _ _ _ _ _ vite que le guépard.

d. Mes grands-parents sont _ _ _ _ _ _ _ âgés que mes parents.

e. Les ouvriers gagnent _ _ _ _ _ _ _ d'argent que leur directeur.

f. Le Japon est un pays _ _ _ _ _ _ _ petit que les Etats-Unis.

g. Un pamplemousse est _ _ _ _ _ _ _ gros qu'une orange.

h. Un nain est _ _ _ _ _ _ _ grand qu'un géant.

i. L'auriculaire est _ _ _ _ _ _ _ petit que le pouce.

j. Une maison coûte souvent _ _ _ _ _ _ _ cher qu'un appartement.

k. Une araignée est _ _ _ _ _ _ _ jolie qu'un papillon.

l. Un pull en laine tient _ _ _ _ _ _ _ chaud qu'un tee-shirt en coton.

m. Un film d'horreur est _ _ _ _ _ _ _ drôle qu'une comédie.

n. Une rue secondaire est _ _ _ _ _ _ _ importante qu'une rue principale.

o. La peinture à l'eau sèche _ _ _ _ _ _ _ vite que la peinture à l'huile.

Workout 23: a. feuille & arbre b. robinet & lavabo c. courrier & facteur d. déchets & poubelle
e. médicaments & pharmacie f. narine & nez g. partition & piano h. bec & oiseau
i. feu & incendie j. wagon & train k. scénario & film l. maillot de bain & plage
m. bétail & étable n. boussole & compas o. disquette & ordinateur

23. FEUILLE & ... Can you tell which nouns go together?

a. feuille

b. robinet

c. courrier

d. déchets

e. médicaments

f. narine

g. partition

h. bec

i. feu

j. wagon

k. scénario

l. maillot de bain

m. bétail

n. boussole

o. disquette

&

- train
- poubelle
- arbre
- nez
- étable
- film
- lavabo
- ordinateur
- piano
- compas
- facteur
- incendie
- plage
- oiseau
- pharmacie

24. CHAUD & ... Can you match the opposites?

a. chaud
b. importation
c. monter
d. trier
e. modeste
f. temporaire
g. inquiétant
h. bungalow
i. connaître
j. quelqu'un
k. vrai
l. lourd
m. arrêter
n. soleil
o. rapide

&

- faux
- gratte-ciel
- lent
- définitif
- ignorer
- exportation
- mélanger
- froid
- léger
- continuer
- pluie
- descendre
- prétentieux
- rassurant
- personne

Workout 25: a. quelle b. combien c. où d. comment e. qui f. combien g. quelles h. comment i. où j. que k. quand l. quel m. quel n. quand o. que

Workout 24: a. chaud & froid b. importation & exportation c. monter & descendre
d. trier & mélanger e. modeste & prétentieux f. temporaire & définitif g. inquiétant & rassurant
h. bungalow & gratte-ciel i. connaître & ignorer j. quelqu'un & personne k. vrai & faux
l. lourd & léger m. arrêter & continuer n. soleil & pluie o. rapide & lent

25. INTERROGATION Do you know what question word fits the blanks?

a. _ _ _ _ _ _ _ _ _ heure est-il?

b. _ _ _ _ _ _ _ _ ce livre coûte-t-il?

c. _ _ _ _ _ _ _ _ travailles-tu?

d. _ _ _ _ _ _ _ _ t'appelles-tu?

e. _ _ _ _ _ _ _ _ a-t-il rencontré pendant son voyage?

f. _ _ _ _ _ _ _ _ de frères et sœurs as-tu?

g. _ _ _ _ _ _ _ _ langues parles-tu?

h. _ _ _ _ _ _ _ _ es-tu venu jusqu'ici?

i. _ _ _ _ _ _ _ _ avez-vous dîné ce soir?

j. _ _ _ _ _ _ _ _ fais-tu le week-end prochain?

k. _ _ _ _ _ _ _ _ part le prochain train pour Nantes?

l. _ _ _ _ _ _ _ _ film ont-ils vu au cinéma?

m. _ _ _ _ _ _ _ _ concours souhaite-t-elle passer?

n. _ _ _ _ _ _ _ _ sont-ils arrivés?

o. _ _ _ _ _ _ _ _ proposes-tu comme solution?

26. VOCABULAIRE Can you find the odd-one-out?

a. tante, oncle, parents, spectateur

b. car, chaise longue, voiture, autobus

c. se détendre, surveiller, contrôler, vérifier

d. discuter, bavarder, écouter, parler

e. répartir, conserver, distribuer, partager

f. prochain, précédent, ancien, antérieur

g. caniche, labrador, cocker, brebis

h. association, indépendance, fédération, organisation

i. médaille, récompense, échec, trophée

j. jeudi, avril, dimanche, vendredi

k. passe-temps, jeu, jouet, corvée

l. pied, chaussure, jambe, cuisse

m. disperser, trier, ordonner, ranger

n. promenade, lecture, randonnée, marche

o. séparation, unité, division, démarcation

Workout 27: a. 2 b. 2 c. 3 d. 1 e. 1 f. 3

Workout 26: a. spectateur b. chaise longue c. se détendre d. écouter e. conserver
f. prochain g. brebis h. indépendance i. échec j. avril k. corvée l. chaussure m. disperser
n. lecture o. unité

27. CHOIX MULTIPLE Do you know the synonymous term?

a. ___ expressif

1. ⌣ terne
2. ⌣ démonstratif
3. ⌣ morne

b. ___ risquer

1. ⌣ craindre
2. ⌣ oser
3. ⌣ redouter

c. ___ gazon

1. ⌣ feuille
2. ⌣ arbre
3. ⌣ herbe

d. ___ expulser

1. ⌣ bannir
2. ⌣ accueillir
3. ⌣ recevoir

e. ___ ami

1. ⌣ copain
2. ⌣ ennemi
3. ⌣ adversaire

f. ___ crime

1. ⌣ don
2. ⌣ cadeau
3. ⌣ meurtre

28. LETTRE & ... Can you match these nouns?

a. lettre
b. nez rouge
c. trompe
d. argent
e. clous
f. truite
g. encre
h. étoile
i. sapin
j. traducteur
k. carte
l. bulldozer
m. orchestre
n. rasoir
o. question

&

observatoire
marteau
chantier
symphonie
interprète
banque
clown
blaireau
réponse
atlas
cartouche
poisson
enveloppe
résineux
éléphant

Workout 29: a. bien b. bon c. bien d. bien e. bons f. bonne g. bien h. bien i. bon j. bon
k. bien l. bonnes m. bien n. bons o. bonne

Workout 28: a. lettre & enveloppe b. nez rouge & clown c. trompe & éléphant d. argent &
banque e. clous & marteau f. truite & poisson g. encre & cartouche h. étoile & observatoire
i. sapin & résineux j. traducteur & interprète k. carte & atlas l. bulldozer & chantier
m. orchestre & symphonie n. rasoir & blaireau o. question & réponse

29. "BON" OU "BIEN"? Does the adjective or the adverb fit the blank?

a. J'ai été _ _ _ _ _ conseillé pour acheter cette maison.

b. Nous avons bu un très _ _ _ _ _ vin à midi.

c. Mes parents vont _ _ _ _ _, merci.

d. Ont-ils _ _ _ _ _ appris leur leçon pour demain?

e. Cette entreprise a enregistré de _ _ _ _ _ résultats l'année dernière.

f. L'eau de la piscine était très _ _ _ _ _.

g. Je ne connais pas _ _ _ _ _ ce quartier de Londres.

h. Il a eu _ _ _ _ _ des problèmes avec son locataire.

i. Connais-tu un _ _ _ _ _ dentiste par ici?

j. Je ne suis pas sûre d'avoir composé le _ _ _ _ _ numéro.

k. As-tu _ _ _ _ _ fermé toutes les portes?

l. Cet élève a eu de très _ _ _ _ _ notes en physique.

m. Cette fête était très _ _ _ _ _ organisée.

n. Il a de _ _ _ _ _ amis en Espagne.

o. Sa mère est très _ _ _ _ _ cuisinière.

30. CHAISE ... Can you tell which words go together?

a. chaise
b. crème
c. taux
d. chemin
e. porc
f. pas
g. lunettes
h. fer
i. tour
j. saule
k. bouton
l. queue
m. gant
n. dent
o. pièce

&

pleureur
de magie
de cheval
à repasser
d'intérêt
d'or
de fer
chantilly
de toilette
de porte
à conviction
de lait
longue
de soleil
salé

Workout 31: a. écrivain b. vétérinaire c. facteur d. boulanger e. garagiste f. menuisier g. chirurgien h. pompier i. traducteur j. traiteur k. coiffeur l. professeur m. fleuriste n. berger o. standardiste

Workout 30: a. chaise longue b. crème chantilly c. taux d'intérêt d. chemin de fer e. porc salé
f. pas de porte g. lunettes de soleil h. fer à repasser i. tour de magie j. saule pleureur
k. bouton d'or l. queue de cheval m. gant de toilette n. dent de lait o. pièce à conviction

31. QUI EST-CE? Do you know who performs the following actions?

a. Une personne qui écrit des livres est un

b. Une personne qui soigne les animaux est un

c. Une personne qui distribue le courrier est un

d. Une personne qui fait du pain est un

e. Une personne qui répare les voitures est un

f. Une personne qui travaille le bois est un

g. Une personne qui opère est un

h. Une personne qui éteint les incendies est un

i. Une personne qui traduit des textes est un

j. Une personne qui prépare des plats cuisinés est un

k. Une personne qui coupe les cheveux est un

l. Une personne qui enseigne est un

m. Une personne qui vend des fleurs est un

n. Une personne qui garde les brebis est un

o. Une personne qui répond au téléphone est une

32. HOMONYMES Can you spot the correct word?

a. J'ai lavé le **sol/sole** ce matin.

b. Il y a au moins cinq **cygnes/signes** sur le lac.

c. J'espère que je n'ai pas fait d'erreur dans mes **comptes/contes**.

d. Il a eu un **en/an** hier.

e. Nous avons mangé des côtelettes de **porc/port** et des frites.

f. Mohammed Ali était un grand champion de **box/boxe**.

g. La **pis/pie** jacasse.

h. Il s'est fait mal au **doigt/doit** en plantant un clou.

i. Mon **mari/marri** est en voyage d'affaires.

j. Les pêcheurs ont ramené plusieurs kilos de **ton/thon**.

k. Ce plat manque un peu de **sel/selle**.

l. Il est **nez/né** dans un tout petit village.

m. Aurais-tu une aiguille et du **fil/file** pour raccommoder ma robe?

n. Il a passé le **mors/mort** à son cheval.

o. Les danseuses s'entraînent à la **bar/barre**.

Workout 33: a. Le touriste a dormi à l'hôtel. b. Des lampadaires éclairent la route. c. Nous avons gagné de l'argent en travaillant. d. Les mariés ont fait un beau voyage de noces. e. Il sait faire du vélo. f. Il a écrit plusieurs livres sur le même sujet. g. Elle poursuit ses études à Madrid.

Workout 32: a. sol b. cygnes c. comptes d. an e. porc f. boxe g. pie h. doigt i. mari j. thon
k. sel l. né m. fil n. mors o. barre

33. REMETTEZ LES PHRASES DANS LE BON ORDRE Can you work out the correct word order?

a. Le a l'hôtel dormi à touriste

b. Des route la lampadaires éclairent

c. Nous en de l'argent travaillant gagné avons

d. Les beau fait un noces ont mariés de voyage

e. Il vélo sait du faire

f. Il livres a sur écrit plusieurs même sujet le

g. Elle à poursuit Madrid études ses

34. CRAYON & ... Can you match the connected nouns?

a. crayon
b. vin
c. nuage
d. cheval
e. achat
f. programme
g. ministre
h. champ
i. glace
j. moquette
k. amitié
l. lampadaire
m. exercices
n. réserve
o. pétales

dessert
fermier
écurie
stock
cave
gomme
lumière
pluie
tapis
fleur
entraînement
spectacle
sentiment
gouvernement
facture

Workout 35: a. cheval b. métropole c. fatiguer d. poireau e. lièvre f. désagrégé g. égoïsme
h. pinceau i. pintade j. inventer k. gilet l. compote m. orateur n. extraordinaire o. peureux

Workout 34: a. crayon & gomme b. vin & cave c. nuage & pluie d. cheval & écurie
e. achat & facture f. programme & spectacle g. ministre & gouvernement h. champ & fermier
i. glace & dessert j. moquette & tapis k. amitié & sentiment l. lampadaire & lumière
m. exercices & entraînement n. réserve & stock o. pétales & fleur

35. CHERCHEZ L'ERREUR Can you find which word doesn't fit?

a. bicyclette, cheval, vélo, tricycle

b. métropole, sable, désert, dunes

c. chanter, siffler, fredonner, fatiguer

d. poireau, pamplemousse, citron, orange

e. pigeon, lièvre, moineau, rouge-gorge

f. solide, robuste, fiable, désagrégé

g. égoïsme, fraternité, entraide, solidarité

h. monument, statue, pinceau, chef-d'œuvre

i. houblon, pintade, luzerne, maïs

j. inventer, imiter, copier, reproduire

k. chemise, gilet, corsage, chemisier

l. thé, tisane, compote, infusion

m. conférence, exposé, colloque, orateur

n. habituel, extraordinaire, commun, usuel

o. peureux, téméraire, courageux, aventureux

36. COMPLÉTEZ LES PHRASES Can you tell which word fills the bill?

a. Le nouveau gouvernement nous a présenté son _ _ _ _ _ _ _ _ .

b. Les enfants déjeunent à la _ _ _ _ _ _ _ _ tous les jours.

c. J'ai besoin d'un _ _ _ _ _ _ _ _ pour ma lettre.

d. Les ouvriers travaillent à la _ _ _ _ _ _ _ _ .

e. Les agriculteurs réclament des _ _ _ _ _ _ _ _ au gouvernement.

f. Ils ont fait une belle _ _ _ _ _ _ _ _ dans les Alpes.

g. Nous sommes allés au _ _ _ _ _ _ _ _ avec les enfants.

h. Le _ _ _ _ _ _ _ _ indique qu'il fera beau demain.

i. La Belgique et le Danemark se sont rencontrés en _ _ _ _ _ _ _ _ .

j. Le cratère de ce _ _ _ _ _ _ _ _ est énorme.

k. Ils ont mis en place une _ _ _ _ _ _ _ _ à cause des travaux.

l. J'ai préparé de la _ _ _ _ _ _ _ _ pour le bébé.

m. Je trouve la _ _ _ _ _ _ _ _ française très compliquée.

n. En Champagne, les _ _ _ _ _ _ _ _ ont lieu à la fin de l'été.

o. Il s'est fait piquer par une _ _ _ _ _ _ _ _ .

bouillie
cirque
grammaire
timbre
volcan
cantine
programme
finale
vendanges
déviation
baromètre
subventions
guêpe
chaîne
randonnée

Workout 37: a. Reykjavik b. Lima c. Séoul d. Bâle e. Vancouver f. Buenos Aires g. Dakar h. Bombay i. La Havane j. Dublin k. Oslo l. Varsovie m. Bangkok n. Téhéran o. Vienne

Workout 36: a. programme b. cantine c. timbre d. chaîne e. subventions f. randonnée
g. cirque h. baromètre i. finale j. volcan k. déviation l. bouillie m. grammaire n. vendanges
o. guêpe

37. PAYS & VILLES Do you know where these people were born?

a. Catherine est née à _ _ _ _ _ _ _, en Islande.

b. Carlos est né à _ _ _ _ _ _ _, au Pérou.

c. Miyuki est née à _ _ _ _ _ _ _, en Corée.

d. Sabine est née à _ _ _ _ _ _ _, en Suisse.

e. Steven est né à _ _ _ _ _ _ _, au Canada.

f. Maria est née à _ _ _ _ _ _ _, en Argentine.

g. Aristide est né à _ _ _ _ _ _ _, au Sénégal.

h. Lucie est née à _ _ _ _ _ _ _, en Inde.

i. Roberto est né à _ _ _ _ _ _ _, à Cuba.

j. Patrick est né à _ _ _ _ _ _ _, en Irlande.

k. Erik est né à _ _ _ _ _ _ _, en Norvège.

l. Alexandra est née à _ _ _ _ _ _ _, en Pologne.

m. Sonia est née à _ _ _ _ _ _ _, en Thaïlande.

n. Assan est né à _ _ _ _ _ _ _, en Iran.

o. Elisabeth est née à _ _ _ _ _ _ _, en Autriche.

Oslo
Varsovie
Dublin
Bangkok
Vienne
La Havane
Bâle
Vancouver
Téhéran
Buenos Aires
Bombay
Reykjavik
Lima
Dakar
Séoul

a. montre

b. pomme

c. conte

d. compte

e. moulin

f. chef

g. licence

h. arc

i. droit

j. instrument

k. bateau

l. trait

m. roman

n. avion

o. salle

&

d'orchestre

de douane

d'exportation

de terre

à vent

à gousset

d'union

à vapeur

policier

de fées

à café

à réaction

de triomphe

de réunion

à rebours

Workout 39: a. est b. et c. est d. est e. et f. et g. est h. est i. et j. et k. est l. est m. est n. et o. est

Workout 38: a. montre à gousset b. pomme de terre c. conte de fées d. compte à rebours
e. moulin à café f. chef d'orchestre g. licence d'exportation h. arc de triomphe
i. droit de douane j. instrument à vent k. bateau à vapeur l. trait d'union m. roman policier
n. avion à réaction o. salle de réunion

39. "ET" OU "EST"? Can you insert the correct word?

a. Mon frère _ _ _ _ _ _ très gourmand.

b. Il ne faut pas mélanger les serviettes _ _ _ _ _ _ les torchons.

c. Cet homme _ _ _ _ _ _ toujours cité en exemple.

d. Il _ _ _ _ _ _ préférable que tu restes chez toi.

e. Les enfants construisent des châteaux avec leurs pelles _ _ _ _ _ _ leurs seaux.

f. Sa robe rouge _ _ _ _ _ _ blanche lui va comme un gant.

g. Le réfrigérateur _ _ _ _ _ _ en panne.

h. Il _ _ _ _ _ _ prêt à tout pour obtenir cette place.

i. Nous avons mangé de la viande _ _ _ _ _ _ des légumes.

j. Mon père _ _ _ _ _ _ ma mère voyagent beaucoup.

k. Il _ _ _ _ _ _ très susceptible.

l. Il _ _ _ _ _ _ fort possible qu'il vienne ici l'été prochain.

m. La boucherie _ _ _ _ _ _ en bas de la rue à gauche.

n. J'ai prévu des jus de fruits _ _ _ _ _ _ des biscuits pour les enfants.

o. Sa chambre _ _ _ _ _ _ toujours bien rangée.

40. VOCABULAIRE Can you find the outsider?

a. transfert, transformation, transmission, translation

b. framboise, aubergine, poivron, courgette

c. rhume, grippe, angine, bronzage

d. baroque, peinture, gothique, classique

e. enseignant, éducateur, étudiant, professeur

f. écharpe, casquette, képi, bonnet

g. jeune, teenager, adolescent, retraité

h. proximité, télécommande, radiocommande, téléguidage

i. déclarer, se taire, proclamer, divulguer

j. seulement, uniquement, ensemble, exclusivement

k. sévère, sympathique, strict, exigeant

l. savon, poussière, lessive, détergent

m. ski, sports d'hiver, luge, mer

n. classeur, lettre, caractère, idéogramme

o. aménager, installer, allumer, équiper

Workout 41: a. triangle & rectangle b. rame & barque c. vitrail & cathédrale d. potier & artisan
e. chapitre & roman f. séropositif & sida g. chant & chorale h. scène & pièce de théâtre
i. rayon & laser j. cessez-le-feu & traité de paix k. devises & bureau de change l. essence &
station-service m. camomille & tisane n. protestantisme & religion o. rocher & alpinisme

Workout 40: a. transformation b. framboise c. bronzage d. peinture e. étudiant f. écharpe
g. retraité h. proximité i. se taire j. ensemble k. sympathique l. poussière m. mer n. classeur
o. allumer

41. TRIANGLE & ... Can you tell which nouns go together?

a. triangle	pièce de théâtre
b. rame	sida
c. vitrail	station-service
d. potier	rectangle
e. chapitre	artisan
f. séropositif	traité de paix
g. chant	tisane
h. scène	chorale
i. rayon	alpinisme
j. cessez-le-feu	roman
k. devises	religion
l. essence	barque
m. camomille	cathédrale
n. protestantisme	bureau de change
o. rocher	laser

42. EPITHÈTES ET QUALIFICATIFS Can you select the correct adjective for each blank?

a. Cette association _ _ _ _ _ _ _ _ s'occupe des réfugiés du Rwanda.

b. Nous avons mangé des œufs _ _ _ _ _ _ _ _ hier soir.

c. Aubagne est un village provençal _ _ _ _ _ _ _ _.

d. J'ai pris un rendez-vous au cabinet _ _ _ _ _ _ _ _ pour mon angine.

e. L'histoire _ _ _ _ _ _ _ _ m'intéresse beaucoup.

f. Cet appareil _ _ _ _ _ _ _ _ doit être branché sur une prise de 220 V.

g. Sa prestation a été très _ _ _ _ _ _ _ _

h. La mariée portait une robe _ _ _ _ _ _ _ _.

i. Nous vivons dans une zone _ _ _ _ _ _ _ _.

j. Les pluies _ _ _ _ _ _ _ _ ont des conséquences néfastes sur les forêts.

k. Elle est partie en randonnée avec sa sœur _ _ _ _ _ _ _ _.

l. C'est un ami très _ _ _ _ _ _ _ _.

m. Ils sont partis dans un train _ _ _ _ _ _ _ _.

n. Nous avons observé une _ _ _ _ _ _ _ _ pause entre les deux cours.

o. Cette crème a un effet _ _ _ _ _ _ _ _.

ravissante

petite

acides

pochés

fidèle

tempérée

humanitaire

rajeunissant

bondé

aînée

médiévale

pittoresque

électrique

médical

applaudie

Workout 43: a. feuilles mortes & automne b. journal & nouvelles c. dent & mâchoire
d. mari & femme e. maladie & remède f. mosquée & islam g. boxe & ring h. céréales & champ
i. kilogramme & poids j. avion & aéroport k. vote & suffrage universel l. chapiteau & cirque
m. empereur & empire n. nomades & oasis o. têtard & grenouille

Workout 42: a. humanitaire b. pochés c. pittoresque d. médical e. médiévale f. électrique
g. applaudie h. ravissante i. tempérée j. acides k. aînée l. fidèle m. bondé n. petite
o. rajeunissant

43. FEUILLES MORTES & .... Do you know which terms go together?

a. feuilles mortes
b. journal
c. dent
d. mari
e. maladie
f. mosquée
g. boxe
h. céréales
i. kilogramme
j. avion
k. vote
l. chapiteau
m. empereur
n. nomades
o. têtard

&

poids
remède
nouvelles
oasis
cirque
mâchoire
empire
aéroport
grenouille
islam
automne
champ
femme
suffrage universel
ring

44. SORTIR & ... Can you match the opposites?

a. sortir
b. pair
c. fou
d. mort
e. exceptionnel
f. dormir
g. perdre
h. proche
i. incapable
j. gratuit
k. extérioriser
l. lisse
m. liquider
n. angoissant
o. avenir

&

ridé
payant
se réveiller
apte
impair
sensé
ordinaire
acquérir
entrer
apaisant
trouver
intérioriser
passé
éloigné
vie

Workout 45: a. les phares b. le siège c. le clignotant d. le rétroviseur e. le coffre f. la boîte à gants g. une roue de secours h. le réservoir i. la banquette arrière j. le volant k. le pare-chocs l. les essuie-glace m. la pédale d'accélérateur n. le levier de vitesses o. l'appuie-tête

Workout 44: a. sortir & entrer b. pair & impair c. fou & sensé d. mort & vie e. exceptionnel & ordinaire f. dormir & se réveiller g. perdre & trouver h. proche & éloigné i. incapable & apte j. gratuit & payant k. extérioriser & intérioriser l. lisse & ridé m. liquider & acquérir n. angoissant & apaisant o. avenir & passé

45. SUR LA ROUTE Do you know which car parts are being described?

a. Il faut les allumer quand la nuit tombe. -------

b. Il est possible de l'incliner pour dormir. -------

c. Il est utile pour indiquer que l'on veut tourner. -----

d. Il permet de voir les voitures qui suivent. --------

e. Il permet de ranger des bagages. --------

f. Elle permet de ranger des accessoires à l'avant. ---

g. En cas de crevaison, il vaut mieux en avoir une. ----

h. On le remplit de carburant dans une station-service. -

i. Les enfants sont assis dessus. ------------

j. Il permet de guider les roues. ------------

k. En cas d'accident, il absorbe les chocs. --------

l. Ils sont utiles lorsqu'il pleut. ------------

m. Plus on appuie dessus, plus on va vite. --------

n. Il permet de changer de vitesse. ----------

o. On peut poser sa tête dessus. ------------

a. pied

b. clé

c. épingle

d. court

e. issue

f. chemin

g. chef

h. piano

i. talon

j. pièce

k. pain

l. projet

m. colonne

n. faits

o. mode

&

de tennis

d'emploi

de théâtre

vertébrale

de biche

à molette

au levain

de loi

divers

à queue

à nourrice

aiguille

de file

de secours

de traverse

Workout 46: a. pied de biche b. clé à molette c. épingle à nourrice d. court de tennis
e. issue de secours f. chemin de traverse g. chef de file h. piano à queue i. talon aiguille
j. pièce de théâtre k. pain au levain l. projet de loi m. colonne vertébrale n. faits divers
o. mode d'emploi

47. TROUVEZ L'INTRUS Can you find which word doesn't fit?

a. épais, dru, clairsemé, touffu

b. haricots verts, petits pois, chou, thym

c. logement, arbre, habitat, demeure

d. orthographe, grammaire, conjugaison, effaceur

e. avalanche, lune, soleil, planète

f. passion, désintérêt, ardeur, impulsion

g. Pays-Bas, Chine, Noël, Afrique du Sud

h. rejet, introduction, présentation, intégration

i. varier, préserver, changer, diversifier

j. sonate, concerto, fugue, accordéoniste

k. rideau, store, balcon, volet

l. montagne, gentiane, edelweiss, bleuet

m. poids, javelot, volley, disque

n. ceinture, costume, habit, complet

o. bêtise, sottise, idiotie, intelligence

48. COMPLÉTEZ Can you complete the sentence with the appropriate word?

a. Les végétariens ne mangent pas de _ _ _ _ _ _ _ _.

b. Nous envisageons de _ _ _ _ _ _ _ _ _ au bord de l'eau.

c. Ce piano a besoin d'être _ _ _ _ _ _ _ _.

d. Nous avons acheté du _ _ _ _ _ _ _ _ pour tapisser la chambre.

e. Connais-tu le _ _ _ _ _ _ _ _ du verbe coudre?

f. Toute peine _ _ _ _ _ _ _ _ salaire.

g. Ils m'ont offert un service à thé en _ _ _ _ _ _ _ _.

h. Je ne sais pas faire les nœuds de _ _ _ _ _ _ _ _.

i. Je suis passée à l'_ _ _ _ _ _ _ _ pour récupérer les billets.

j. La brebis vient de mettre au monde un _ _ _ _ _ _ _ _.

k. J'en ai _ _ _ _ _ _ _ _ de t'entendre pleurer.

l. J'ai trouvé ma _ _ _ _ _ _ _ _, mais pas le dentifrice.

m. Sur quelle _ _ _ _ _ _ _ _ faut-il brancher la radio?

n. Reçois-tu la télévision par _ _ _ _ _ _ _ _?

o. La chaleur nous faisait _ _ _ _ _ _ _ _ à grosses gouttes.

mérite
passé simple
prise
viande
assez
accordé
agneau
brosse à dents
papier peint
transpirer
câble
cravate
agence de voyages
camper
porcelaine

Workout 49: a. au pied de b. au bord de c. en dehors de d. chez e. derrière f. en travers de
g. entre h. au centre de i. contre j. en haut de k. loin de l. sur m. à l'entrée de n. sous
o. dans

Workout 48: a. viande b. camper c. accordé d. papier peint e. passé simple f. mérite
g. porcelaine h. cravate i. agence de voyages j. agneau k. assez l. brosse à dents m. prise
n. câble o. transpirer

49. PRÉPOSITIONS DE LIEU Do you know what preposition fills the bill?

a. Nous avons rendez-vous _ _ _ _ _ _ _ _ la Tour Montparnasse.

b. Nous avons déjeuné _ _ _ _ _ _ _ _ l'eau.

c. _ _ _ _ _ _ _ _ lui, je ne connais personne ici.

d. J'ai passé l'été _ _ _ _ _ _ _ _ mes grands-parents.

e. Le jardin est caché _ _ _ _ _ _ _ _ la maison.

f. La voiture accidentée était _ _ _ _ _ _ _ _ la route.

g. _ _ _ _ _ _ _ _ le café et le thé, je préfère le thé.

h. Le chômage est _ _ _ _ _ _ _ _ leurs préoccupations.

i. Il a posé son vélo _ _ _ _ _ _ _ _ le mur.

j. Je suis monté _ _ _ _ _ _ _ _ l'échelle pour trouver des cerises mûres.

k. Je n'habite pas _ _ _ _ _ _ _ _ mon lieu de travail.

l. Pose tes mains _ _ _ _ _ _ _ _ la table!

m. Je me suis adressé à la concierge _ _ _ _ _ _ _ _ l'immeuble.

n. Elle portait une corbeille de linge _ _ _ _ _ _ _ _ son bras.

o. Elle est née _ _ _ _ _ _ _ _ un petit village charmant.

50. NEIGE & ... Do you know which terms go together?

a. neige
b. baignoire
c. abeille
d. sud
e. sauterelle
f. carnaval
g. séisme
h. éruption
i. nuage
j. soldat
k. buste
l. amphithéâtre
m. diamètre
n. vers
o. orteil

&

- point cardinal
- volcan
- cercle
- statue
- tremblement de terre
- miel
- pied
- grillon
- sports d'hiver
- université
- cumulus
- poésie
- arme
- salle de bains
- défilé

Workout 51: a. les yeux b. les pieds c. le nez d. les oreilles e. les doigts f. la bouche g. les dents
h. les bras i. le cerveau j. le cœur k. les os l. le nombril m. les vertèbres n. les mollets o. le cou

Workout 50: a. neige & sports d'hiver b. baignoire & salle de bains c. abeille & miel
d. sud & point cardinal e. sauterelle & grillon f. carnaval & défilé g. séisme & tremblement de
terre h. éruption & volcan i. nuage & cumulus j. soldat & arme k. buste & statue
l. amphithéâtre & université m. diamètre & cercle n. vers & poésie o. orteil & pied

51. DE LA TÊTE AUX PIEDS Can you guess what body part is being described?

a. Ils vous permettent de voir. - ➤

b. Ils vous permettent de marcher et de courir. - - - - - - - ➤

c. C'est par là que vous respirez. - ➤

d. Elles vous permettent d'entendre et d'écouter. - - - ➤

e. Chaque main en compte cinq. - - - - - - - - - - - - - - - - - - - ➤

f. Elle vous permet de parler. - ➤

g. Sans elles, vous ne pourriez pas mâcher. - - - - - - - - - ➤

h. Ils vous permettent d'embrasser. - - - - - - - - - - - - - - - - ➤

i. Il vous permet de réfléchir. - ➤

j. Il bat en permanence. - ➤

k. Ils se cassent parfois. - ➤

l. Il est au milieu du ventre. - ➤

m. Elles forment la colonne vertébrale. - - - - - - - - - - - - ➤

n. Ceux des cyclistes sont très musclés. - - - - - - - - - - - - ➤

o. Il supporte la tête. - ➤

52. COMPLÉTEZ LES PHRASES Can you tell which term fills the blank?

a. Son _ _ _ _ _ _ _ _ n'a pas nécessité d'anesthésie.

b. Il joue au golf en _ _ _ _ _ _ _ _.

c. Elle a emmené son _ _ _ _ _ _ _ _ à la messe.

d. Le _ _ _ _ _ _ _ _ de cette société n'est pas très élevé.

e. Elle a ramassé les œufs au _ _ _ _ _ _ _ _.

f. Le _ _ _ _ _ _ _ _ de cette mosquée est très élevé.

g. Elle a un _ _ _ _ _ _ _ _ tout rond et des petites mains potelées.

h. Il n'a versé aucune _ _ _ _ _ _ _ _ lorsque ses parents sont partis.

i. J'ai acheté une _ _ _ _ _ _ _ _ pour ranger mes livres.

j. Nous n'arrivons pas à enfoncer la clé dans la _ _ _ _ _ _ _ _.

k. Le _ _ _ _ _ _ _ _ attendait le médecin en salle d'attente.

l. Il s'est donné beaucoup de _ _ _ _ _ _ _ _ pour réussir.

m. Attention aux _ _ _ _ _ _ _ _ du rosier!

n. La _ _ _ _ _ _ _ _ est un vilain défaut.

o. Je n'ai pas encore remplacé le _ _ _ _ _ _ _ _ cassé dans la cuisine.

serrure
curiosité
patient
larme
amateur
visage
peine
carreau
chiffre d'affaires
livre de prières
opération
épines
minaret
bibliothèque
poulailler

Workout 53: a. mandat direct b. commerce extérieur c. nombre cardinal d. orbite planétaire
e. acide gras f. proposition subordonnée g. prévisions météorologiques h. marée haute
i. étoile polaire j. lieu commun k. poème épique l. disque dur m. temps mort n. moelle épinière
o. flûte traversière

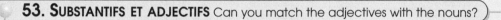

Workout 52: a. opération b. amateur c. livre de prières d. chiffre d'affaires e. poulailler
f. minaret g. visage h. larme i. bibliothèque j. serrure k. patient l. peine m. épines n. curiosité
o. carreau

53. SUBSTANTIFS ET ADJECTIFS Can you match the adjectives with the nouns?

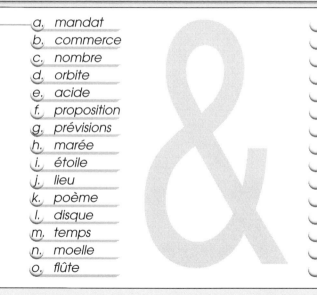

a. mandat		météorologiques
b. commerce		mort
c. nombre		dur
d. orbite		traversière
e. acide		épique
f. proposition		polaire
g. prévisions		cardinal
h. marée		épinière
i. étoile		planétaire
j. lieu		direct
k. poème		haute
l. disque		extérieur
m. temps		subordonnée
n. moelle		commun
o. flûte		gras

54. SANS & ARRÊT? Do you know these expressions?

a. dès

b. au lieu

c. sans

d. conçu

e. prêt

f. à haut

g. édition

h. hors

i. sauve

j. sans autre forme

k. au

l. sain

m. sauf

n. comme

o. à vos

&

revoir

et sauf

que possible

exception

de danger

pour

qui peut

convenu

arrêt

souhaits

à tout

de procès

limitée

risque

de

Workout 55: a. simplet b. argent c. ignorer d. provoquer e. recul f. doué g. persil h. rétrécir
i. rouge à lèvres j. aérer k. paix l. démolir m. endroit n. serviette o. bénin

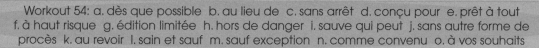

Workout 54: a. dès que possible b. au lieu de c. sans arrêt d. conçu pour e. prêt à tout
f. à haut risque g. édition limitée h. hors de danger i. sauve qui peut j. sans autre forme de
procès k. au revoir l. sain et sauf m. sauf exception n. comme convenu o. à vos souhaits

55. VOCABULAIRE Can you find the odd-one-out?

a. rusé, simplet, futé, malin

b. argent, étoffe, tissu, textile

c. étonner, ignorer, surprendre, déconcerter

d. éviter, provoquer, empêcher, prévenir

e. progrès, évolution, développement, recul

f. maladroit, doué, malhabile, gauche

g. persil, pivoine, jonquille, marguerite

h. croître, augmenter, agrandir, rétrécir

i. portefeuille, rouge à lèvres, porte-monnaie, bourse

j. aérer, cuire, bouillir, griller

k. massacre, tuerie, boucherie, paix

l. ériger, élever, démolir, dresser

m. époque, endroit, période, ère

n. serviette, pilule, cachet, granule

o. tragique, dramatique, terrible, bénin

56. ACHAT & ... Can you match the opposites?

a. achat
b. ferme
c. rare
d. fermeture
e. fonctionner
f. mélodieux
g. affamé
h. mineur
i. nord
j. libérer
k. inondation
l. différent
m. se dépêcher
n. dette
o. privé

- ouverture
- cacophonique
- prendre son temps
- mou
- sécheresse
- emprisonner
- sud
- vente
- identique
- crédit
- majeur
- public
- fréquent
- repu
- tomber en panne

Workout 57: a. Picasso est l'un de mes peintres préférés. b. Nous avons fait bouillir de l'eau pour les haricots. c. Les vitraux de cette cathédrale sont très colorés. d. Nous avons assisté à une éclipse de soleil. e. Elle fête toujours Noël en famille. f. La marée est montée très vite. g. Nous avons observé des cellules au microscope.

Workout 56: a. achat & vente b. ferme & mou c. rare & fréquent d. fermeture & ouverture
e. fonctionner & tomber en panne f. mélodieux & cacophonique g. affamé & repu
h. mineur & majeur i. nord & sud j. libérer & emprisonner k. inondation & sécheresse
l. différent & identique m. se dépêcher & prendre son temps n. dette & crédit o. privé & public

57. RECONSTITUEZ LES PHRASES SUIVANTES Can you rearrange the words correctly?

a. Picasso | peintres | préférés | de | est | mes | l'un

b. Nous | bouillir | l'eau | fait | avons | haricots | de | les | pour

c. Les | cette | sont | vitraux | de | colorés | très | cathédrale

d. Nous | assisté | à | soleil | éclipse | une | avons | de

e. Elle | famille | fête | Noël | en | toujours

f. La | très | montée | vite | est | marée

g. Nous | microscope | des | avons | au | cellules | observé

a. un pilote - ⇒
b. un gendarme - ⇒
c. un boucher - ⇒
d. un libraire - ⇒
e. un maître d'hôtel - ⇒
f. un clown - ⇒
g. un petit rat - ⇒
h. un mineur - ⇒
i. un peintre - ⇒
j. un réalisateur de films - ⇒
k. un comédien - ⇒
l. un boulanger - ⇒
m. un épicier - ⇒
n. un garde forestier - ⇒
o. un cosmonaute - ⇒

Workout 59: a. seul & accompagné b. amour & haine c. fondre & congeler d. se lever & s'asseoir e. bénévolat & rémunération f. rêve & réalité g. onde courte & onde longue h. échouer & réussir i. gain & perte j. émigrer & immigrer k. ordonner & obéir l. primordial & secondaire m. essor & déclin n. acquis & inné o. actif & lymphatique

Workout 58: a. dans un avion b. dans la rue c. dans une boucherie d. dans une librairie
e. dans un restaurant f. dans un cirque g. à l'opéra h. à la mine i. dans un atelier
j. sur un plateau de tournage k. au théâtre l. dans une boulangerie m. dans une épicerie
n. dans une forêt o. dans un véhicule spatial

59. SEUL & ... Do you know which opposites make a pair?

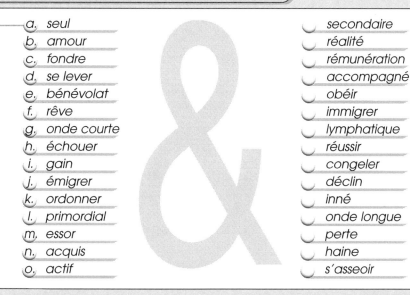

a. seul	secondaire
b. amour	réalité
c. fondre	rémunération
d. se lever	accompagné
e. bénévolat	obéir
f. rêve	immigrer
g. onde courte	lymphatique
h. échouer	réussir
i. gain	congeler
j. émigrer	déclin
k. ordonner	inné
l. primordial	onde longue
m. essor	perte
n. acquis	haine
o. actif	s'asseoir

60. RETROUVEZ L'INTRUS Can you tell which word is the outsider?

a. importun, gênant, insupportable, agréable

b. taxe, gratuité, impôt, fisc

c. insignifiant, impressionnant, grandiose, émouvant

d. déplorable, regrettable, affligeant, souhaitable

e. habiller, dénuder, vêtir, accoutrer

f. fable, réalité, poème, conte

g. lunettes, jumelles, binocles, nez

h. fier, modeste, arrogant, prétentieux

i. clair, limpide, sombre, transparent

j. vide, plein, complet, rempli

k. tuer, donner naissance, assassiner, abattre

l. dangereux, périlleux, risqué, sûr

m. mépriser, dédaigner, aimer, négliger

n. pyjama, pantoufle, savate, chausson

o. casser, réparer, briser, fracturer

Workout 61: a. jouer aux échecs b. regarder la télévision c. partir en vacances d. juger une affaire e. allumer un feu f. participer à un concours g. louer un appartement h. se mettre en grève i. régler un problème j. obéir aux ordres k. enseigner le français l. ranger sa chambre m. soigner une maladie n. écouter de la musique o. assister à un spectacle

61. JOUER À UN JEU Which verb goes with which noun?

a. jouer

b. regarder

c. partir

d. juger

e. allumer

f. participer

g. louer

h. se mettre

i. régler

j. obéir

k. enseigner

l. ranger

m. soigner

n. écouter

o. assister

&

en grève

un problème

la télévision

une maladie

en vacances

sa chambre

le français

à un spectacle

de la musique

une affaire

un appartement

aux ordres

aux échecs

un feu

à un concours

62. TROUVEZ LES EXPRESSIONS ÉQUIVALENTES Which expression means the same?

a. _____ Je n'y peux rien.
1. ⌣ A toi de jouer.
2. ⌣ Ce n'est pas de ma faute.
3. ⌣ Je suis un incapable.

b. _____ Il n'en est pas question!
1. ⌣ Je ne suis pas d'accord.
2. ⌣ J'attends sa réponse.
3. ⌣ Je veux bien en discuter.

c. _____ Il s'est emporté un peu vite.
1. ⌣ Il a souri.
2. ⌣ Il s'est mis en colère.
3. ⌣ Il n'a pas réagi.

d. _____ Ça ne sert à rien.
1. ⌣ Je suis mécontent.
2. ⌣ Je n'ai vu personne.
3. ⌣ C'est inutile.

e. _____ Je suis mal à l'aise.
1. ⌣ Je n'ai plus d'argent.
2. ⌣ Je suis en pleine forme.
3. ⌣ Je ne me sens pas bien.

f. _____ Débrouille-toi!
1. ⌣ Arrange-toi pour résoudre le problème!
2. ⌣ Va moins vite!
3. ⌣ Dépêche-toi!

Workout 63: a. il n'y a pas de fumée sans feu b. les deux font la paire c. tourner en rond d. prendre ses désirs pour des réalités e. jamais deux sans trois f. les voyages forment la jeunesse g. jouer franc jeu h. perdre l'appétit i. mettre en doute j. avoir les nerfs à vif k. partir sans tambour ni trompette l. ne pas s'avouer vaincu m. repartir à zéro n. cinéma d'art et d'essai o. formule magique

63. LOCUTIONS What are the set expressions?

a. il n'y a pas de fumée

b. les deux font

c. tourner

d. prendre ses désirs

e. jamais deux

f. les voyages forment

g. jouer

h. perdre

i. mettre

j. avoir les nerfs

k. partir sans tambour

l. ne pas s'avouer

m. repartir

n. cinéma d'art

o. formule

&

◯ à zéro

◯ l'appétit

◯ vaincu

◯ franc jeu

◯ ni trompette

◯ la paire

◯ à vif

◯ en rond

◯ magique

◯ la jeunesse

◯ et d'essai

◯ pour des réalités

◯ sans feu

◯ sans trois

◯ en doute

64. PASSÉ COMPOSÉ What is the *passé composé* of the following verbs?

a. Il _ _ _ _ _ _ _ _ _ tard. — arriver

b. Hier, nous _ _ _ _ _ _ _ _ _ au restaurant. — dîner

c. Je lui _ _ _ _ _ _ _ _ un peu d'argent. — prêter

d. Nous _ _ _ _ _ _ _ _ son dernier film. — préférer

e. Les enfants _ _ _ _ _ _ _ _ leurs devoirs. — finir

f. Les touristes _ _ _ _ _ _ _ _ à l'hôtel. — dormir

g. Il _ _ _ _ _ _ _ _ en Italie. — partir

h. Le jardinier _ _ _ _ _ _ _ _ ses plantes. — arroser

i. Nous _ _ _ _ _ _ _ _ très tard hier. — discuter

j. Elle _ _ _ _ _ _ _ _ un feu. — allumer

k. Nous _ _ _ _ _ _ _ _ des amis. — inviter

l. Le bébé _ _ _ _ _ _ _ _ toute la nuit. — pleurer

m. Sa mère _ _ _ _ _ _ _ _ le repas. — préparer

n. Ils _ _ _ _ _ _ _ _ en train. — venir

o. Elle _ _ _ _ _ _ _ _ les pompiers. — avertir

Workout 65: a. jument & poulain b. biberon & nourrisson c. bretelles & pantalon d. élections & urne e. frisée & salade f. syndicat d'initiative & tourisme g. œuf en chocolat & Pâques h. vigne & vendange i. cassette vidéo & magnétoscope j. virgule & ponctuation k. semelle & chaussure l. arbre fruitier & verger m. venin & serpent n. eau douce & rivière o. brosse & peigne

Workout 64: a. est arrivé b. avons dîné c. ai prêté d. avons préféré e. ont fini f. ont dormi
g. est parti h. a arrosé i. avons discuté j. a allumé k. avons invité l. a pleuré m. a préparé
n. sont venus o. a averti

65. JUMENT & POULAIN Which nouns go together?

a. jument

b. biberon

c. bretelles

d. élections

e. frisée

f. syndicat d'initiative

g. œuf en chocolat

h. vigne

i. cassette vidéo

j. virgule

k. semelle

l. arbre fruitier

m. venin

n. eau douce

o. brosse

&

Pâques

ponctuation

poulain

magnétoscope

serpent

peigne

urne

pantalon

tourisme

salade

verger

vendange

rivière

nourrisson

chaussure

66. HOMONYMES Which word is correct?

a. Connais-tu **cette/sept** personne?

b. Allons boire un **vert/verre**!

c. Nous avons organisé une grande **faîte/fête** pour son anniversaire.

d. J'ai préparé une **pâte/patte** à tarte.

e. Ils sont partis en **Grèce/graisse** cet été.

f. Je me suis tordu le **coup/cou**.

g. Veux-tu une tasse de **tes/thé**?

h. Il est parti très **taux/tôt** pour prendre l'avion.

i. Ses **dents/dans** commencent à pousser.

j. Je fais ce que je **peu/peux**.

k. Ils habitent **près/prêt** de la gare.

l. Le bateau a levé **l'encre/l'ancre** tôt ce matin.

m. As-tu fait ton **lit/lie** ce matin?

n. Elle a fait le **gai/guet** toute la nuit.

o. La **fil/file** d'attente était très longue devant le cinéma.

Workout 67: a. a cueilli b. a labouré c. a terminé d. avons appris e. a téléphoné f. avez couru g. a pris h. avons répondu i. a invité j. a picoré k. a connu l. as fait m. a scié n. a peint o. a voyagé

67. PASSÉ COMPOSÉ What is the *passé composé* of these verbs?

a. Ma fille _ _ _ _ _ _ _ _ _ _ _ plein de fleurs dans le jardin.   cueillir

b. Le paysan _ _ _ _ _ _ _ _ _ _ tous ses champs.   labourer

c. Il _ _ _ _ _ _ _ _ _ _ sa vie dans la pauvreté.   terminer

d. Nous _ _ _ _ _ _ _ _ _ _ beaucoup pendant ce séminaire.   apprendre

e. Sa mère _ _ _ _ _ _ _ _ _ _ à son professeur pour l'inscrire à l'examen.   téléphoner

f. Vous _ _ _ _ _ _ _ _ _ _ pendant plus de deux heures.   courir

g. Il _ _ _ _ _ _ _ _ _ _ de nombreuses photos de sa famille.   prendre

h. Nous _ _ _ _ _ _ _ _ _ _ à toutes ses questions.   répondre

i. Elle _ _ _ _ _ _ _ _ _ _ ses parents à dîner.   inviter

j. L'oiseau _ _ _ _ _ _ _ _ _ _ toutes ses graines.   picorer

k. Ma tante _ _ _ _ _ _ _ _ _ _ le propriétaire de cette maison.   connaître

l. Tu _ _ _ _ _ _ _ _ _ _ un cauchemar cette nuit.   faire

m. Le menuisier _ _ _ _ _ _ _ _ _ _ du bois pour fabriquer une table.   scier

n. Elle _ _ _ _ _ _ _ _ _ _ sa cuisine en blanc.   peindre

o. Il _ _ _ _ _ _ _ _ _ _ tout seul pendant des années.   voyager

68. SYNONYMES Which expression is synonymous?

a. _____ Il est bouche bée devant son père.

1. ◡ Il déteste son père.
2. ◡ Il admire son père.
3. ◡ Il ne suit pas l'exemple de son père.

b. _____ Je ne sais plus où donner de la tête.

1. ◡ Je suis désœuvré.
2. ◡ Je n'ai rien à faire.
3. ◡ J'ai trop de choses à faire.

c. _____ Je lui ai laissé carte blanche.

1. ◡ Il est sous mes ordres.
2. ◡ Il doit m'obéir.
3. ◡ Il peut faire ce qu'il veut.

d. _____ Il me casse les pieds.

1. ◡ Il est pénible.
2. ◡ Il est adorable.
3. ◡ Il rend service.

e. _____ Il fait un vent du diable.

1. ◡ Le vent est extrêmement fort.
2. ◡ Il n'y a pas de vent.
3. ◡ Le vent n'est pas bien fort.

f. _____ Il n'a pas donné signe de vie.

1. ◡ Il m'a téléphoné hier.
2. ◡ Je n'ai pas de nouvelles.
3. ◡ Je sais ce qu'il fait.

Workout 69: a. pommes b. marrons c. framboises d. coings e. cerises f. figues g. groseilles
h. citrons i. abricots j. dattes k. pêches l. poires m. fraises n. raisin o. noix de coco

69. LES ARBRES & LEURS FRUITS What are the fruits called?

a. Le pommier donne des ---------- →
b. Le châtaignier donne des ---------- →
c. Le framboisier donne des ---------- →
d. Le cognassier donne des ---------- →
e. Le cerisier donne des ---------- →
f. Le figuier donne des ---------- →
g. Le groseillier donne des ---------- →
h. Le citronnier donne des ---------- →
i. L'abricotier donne des ---------- →
j. Le dattier donne des ---------- →
k. Le pêcher donne des ---------- →
l. Le poirier donne des ---------- →
m. Le fraisier donne des ---------- →
n. La vigne donne du ---------- →
o. Le cocotier donne des ---------- →

citrons
groseilles
poires
marrons
pêches
figues
fraises
abricots
framboises
pommes
raisin
noix de coco
dattes
cerises
coings

70. ASSOCIEZ ADJECTIFS ET SUBSTANTIFS Which adjective goes with which noun?

a. dessin
b. révolution
c. eau
d. ruban
e. rouge
f. alcool
g. étoile
h. sable
i. adjectif
j. carte
k. faisceau
l. zone
m. lait
n. électricité
o. bal

chaud
caillé
piétonne
statique
lumineux
masqué
vif
filante
adhésif
qualificatif
industrielle
fort
animé
postale
gazeuse

Workout 71: a. partant b. pleurant c. allant d. récitant e. sortant f. courant g. hochant h. faisant i. lisant j. téléphonant k. racontant l. veillant m. dansant n. voyant o. passant

Workout 70: a. dessin animé b. révolution industrielle c. eau gazeuse d. ruban adhésif
e. rouge vif f. alcool fort g. étoile filante h. sable chaud i. adjectif qualificatif j. carte postale
k. faisceau lumineux l. zone piétonne m. lait caillé n. électricité statique o. bal masqué

71. PARTICIPE PRÉSENT What is the present participle of these verbs?

a. Il a éteint la lumière en _ _ _ _ _ _ _ _ _ _ _.

b. Il a quitté ses parents en _ _ _ _ _ _ _ _ _ _.

c. Je l'ai rencontré en _ _ _ _ _ _ _ _ _ _ au marché.

d. J'ai appris ma leçon en _ _ _ _ _ _ _ _ _ _ à haute voix.

e. Faites attention à la marche en _ _ _ _ _ _ _ _ _ _.

f. Il est arrivé en _ _ _ _ _ _ _ _ _ _.

g. Il a accepté ma proposition en _ _ _ _ _ _ _ _ _ _ de la tête.

h. Elle l'a réveillé en _ _ _ _ _ _ _ _ _ _ du bruit.

i. Les ministres ont eu des surprises en _ _ _ _ _ _ _ _ _ _ son rapport.

j. Elle a appris la naissance du bébé en _ _ _ _ _ _ _ _ _ _ à son père.

k. Elle a exposé le problème en _ _ _ _ _ _ _ _ _ _ toute l'histoire.

l. Il s'est approché en _ _ _ _ _ _ _ _ _ _ à ne pas l'effrayer.

m. Ils ont terminé la nuit en _ _ _ _ _ _ _ _ _ _.

n. Les enfants ont eu peur en le _ _ _ _ _ _ _ _ _ _.

o. Elle m'a dit bonjour en _ _ _ _ _ _ _ _ _ _.

partir
pleurer
aller
réciter
sortir
courir
hocher
faire
lire
téléphoner
raconter
veiller
danser
voir
passer

72. REMETTEZ LES PHRASES DANS LE BON ORDRE What is the correct word order?

a. Ses | apporté | pour | parents | une | dessert | au | citron | ont | tarte | le

b. Ils | Tour | au | assisté | France | de | ont

c. Le | augmente | de | taux | chômage | permanence | en

d. Il | informatique | a | un | dans | entretien | passé | entreprise | grande | une

e. Le | est | désaccordé | complètement | piano

f. Elle | en | Lourdes | est | à | partie | pèlerinage

g. Il | y | le | des | a | glaces | congélateur | dans

Workout 73: a.3 b.1 c.1 d.2 e.2 f.1

Workout 72: a. Ses parents ont apporté une tarte au citron pour le dessert. b. Ils ont assisté au Tour de France. c. Le taux de chômage augmente en permanence. d. Il a passé un entretien dans une grande entreprise informatique. e. Le piano est complètement désaccordé. f. Elle est partie en pèlerinage à Lourdes. g. Il y a des glaces dans le congélateur.

73. TROUVEZ LE BON SENS Which is the equivalent meaning?

a. _____ Elle a le cœur sur la main.

1. ○ Elle ne rend jamais service.
2. ○ Elle est radine.
3. ○ Elle est très généreuse.

b. _____ Il a retourné sa veste.

1. ○ Il a changé d'avis.
2. ○ Il pense toujours la même chose.
3. ○ Il est parti.

c. _____ Ils se sont mariés sur le tard.

1. ○ Ils ne se sont pas mariés jeunes.
2. ○ Ils se sont mariés très jeunes.
3. ○ Ils ont divorcé très vite.

d. _____ J'en ai marre!

1. ○ C'est trop peu!
2. ○ J'en ai assez!
3. ○ Continuez!

e. _____ Il a le pied marin.

1. ○ Il a mal au pied.
2. ○ Il n'est pas malade en bateau.
3. ○ Il a le mal de mer.

f. _____ Tiens bon!

1. ○ Ne perds pas le moral!
2. ○ Lâche tout!
3. ○ Pars!

74. RÉGIONS DE FRANCE From which region do these people come?

a. Les Bourguignons vivent en ----->
b. Les Picards vivent en ----->
c. Les Franciliens vivent en ----->
d. Les Normands vivent en ----->
e. Les Alsaciens vivent en ----->
f. Les Bretons vivent en ----->
g. Les Vendéens vivent en ----->
h. Les Savoyards vivent en ----->
i. Les Auvergnats vivent en ----->
j. Les Corses vivent en ----->
k. Les Lorrains vivent en ----->
l. Les Charentais vivent en ----->
m. Les Poitevins vivent dans le ----->
n. Les Guadeloupéens vivent en ----->
o. Les Ardennais vivent dans les ----->

Lorraine
Corse
Bourgogne
Alsace
Vendée
Guadeloupe
Ile-de-France
Poitou
Normandie
Bretagne
Savoie
Ardennes
Auvergne
Picardie
Charente

Workout 75: a. thym b. tard c. faim d. champs e. Seine f. fer g. vain h. mais i. pain j. l'air k. main l. taire m. bancs n. mettre o. mer

Workout 74: a. Bourgogne b. Picardie c. Ile-de-France d. Normandie e. Alsace f. Bretagne
g. Vendée h. Savoie i. Auvergne j. Corse k. Lorraine l. Charente m. Poitou n. Guadeloupe
o. Ardennes

75. HOMONYMES Which is the correct word?

a. J'ai mis du **thym/teint** et du romarin dans la ratatouille.

b. Il est arrivé très **tard/tare** hier soir.

c. J'ai une **fin/faim** de loup.

d. Les **chants/champs** de blé s'étendaient à perte de vue.

e. Paris est arrosé par la **Seine/scène**.

f. Ils ont accroché un **faire/fer** à cheval au-dessus de leur porte.

g. J'ai essayé de le joindre en **vin/vain** hier.

h. Je l'avais prévenu **mais/mets** il avait oublié.

i. J'ai acheté du **pain/pin** tout frais pour le déjeuner.

j. Je connais **l'air/l'ère** de cette chanson.

k. Elle m'a fait un signe de la **main/maints**.

l. Vont-ils bientôt se **terre/taire**?

m. Ils ont installé des **bancs/bans** sur la place du marché.

n. Je dois **maître/mettre** de l'ordre dans mes papiers.

o. Il souffre du mal de **mer/maire**.

76. LOCUTIONS ET EXPRESSIONS What are the correct expressions?

a. se souvenir

b. se lever

c. dormir

d. qui vivra

e. perdre

f. courir

g. se fier

h. mi-figue

i. se faire

j. rayonner

k. fondre

l. mettre les pieds

m. avoir le sens

n. tirer des plans

o. tomber

&

- verra
- comme un lapin
- l'équilibre
- du souci
- dans le plat
- de bonheur
- tôt
- en larmes
- par terre
- sur la comète
- de quelque chose
- de l'humour
- à son instinct
- comme un loir
- mi-raisin

Workout 77: a. 2 b. 1 c. 3 d. 1 e. 2 f. 1

Workout 76: a. se souvenir de quelque chose b. se lever tôt c. dormir comme un loir d. qui vivra verra e. perdre l'équilibre f. courir comme un lapin g. se fier à son instinct h. mi-figue mi-raisin i. se faire du souci j. rayonner de bonheur k. fondre en larmes l. mettre les pieds dans le plat m. avoir le sens de l'humour n. tirer des plans sur la comète o. tomber par terre

77. TROUVEZ L'EXPRESSION SYNONYME Which expression is synonymous?

a.   *Elle est tombée dans les pommes.*

1. ◡ *Elle a préparé une tarte.*
2. ◡ *Elle s'est évanouie.*
3. ◡ *Elle a planté un pommier.*

b.   *Ne perds pas de temps!*

1. ◡ *Dépêche-toi!*
2. ◡ *Prends ton temps!*
3. ◡ *Rien ne presse!*

c.   *Nous avons fait bonne chère.*

1. ◡ *Nous n'avons pas assez mangé.*
2. ◡ *Nous avons encore faim.*
3. ◡ *Nous avons bien mangé.*

d.   *J'ai un trou de mémoire.*

1. ◡ *Je ne me rappelle plus rien.*
2. ◡ *Je me souviens de tout.*
3. ◡ *J'ai la tête bien pleine.*

e.   *Elle a eu le coup de foudre pour lui.*

1. ◡ *Elle l'a trouvé idiot.*
2. ◡ *Elle est tombée amoureuse de lui.*
3. ◡ *Elle ne l'a même pas remarqué.*

f.   *Elle jette son argent par les fenêtres.*

1. ◡ *Elle gaspille son argent.*
2. ◡ *Elle est très raisonnable.*
3. ◡ *Elle dépense peu.*

78. NUANCEZ VOS PROPOS! Which term "tones down" the underlined expression?

a. Elle parle <u>tout le temps</u>.

b. Son entreprise enregistre d'<u>énormes</u> bénéfices.

c. Les enfants ont été <u>punis</u>.

d. Il a <u>hurlé</u> pour qu'elle l'entende.

e. Le rôti était <u>brûlant</u> quand je l'ai sorti du four.

f. Il habite dans un <u>village</u>.

g. J'ai fini <u>le plat</u>.

h. Il a réalisé un <u>film</u>.

i. Son père est <u>directeur</u>.

j. J'ai lu <u>toute son œuvre</u>.

k. Je le connais depuis <u>une éternité</u>.

l. Cet édifice est <u>tout neuf</u>.

m. Ils passent <u>l'hiver</u> à la montagne.

n. La lumière était <u>éblouissante</u>.

o. L'eau était <u>glaciale</u>.

crié
froide
longtemps
responsable d'un département
importants
grondés
souvent
le week-end
quelques-uns de ses livres
forte
chaud
récent
court métrage
hameau
mon assiette

Workout 79: a. adorait b. s'installe c. serai d. se rase e. faisais f. m'appelle g. arriveras
h. s'occupe i. bavardent j. était k. apporterai l. habiterons m. aime n. dînerons o. voyageait

Workout 78: a. souvent b. importants c. grondés d. crié e. chaud f. hameau g. mon assiette
h. court métrage i. responsable d'un département j. quelques-uns de ses livres k. longtemps
l. récent m. le week-end n. forte o. froide

79. IMPARFAIT, PRÉSENT, FUTUR In what tense should the verb be?

a. Avant, elle _ _ _ _ _ _ _ _ _ le ski.   adorer

b. Il _ _ _ _ _ _ _ _ _ dès le matin devant la télévision.   s'installer

c. Quand je serai grand, je _ _ _ _ _ _ _ _ _ pompier.   être

d. Il _ _ _ _ _ _ _ _ _ tous les jours.   se raser

e. Quand j'étais petit, je _ _ _ _ _ _ _ _ _ souvent des cauchemars.   faire

f. Je _ _ _ _ _ _ _ _ _ Emilie.   s'appeler

g. J'espère que tu _ _ _ _ _ _ _ _ _ à l'heure.   arriver

h. Elle _ _ _ _ _ _ _ _ _ très bien de ses enfants.   s'occuper

i. Elles _ _ _ _ _ _ _ _ _ tout le temps.   bavarder

j. Hier matin, la route _ _ _ _ _ _ _ _ _ verglacée.   être

k. Demain, j'_ _ _ _ _ _ _ _ _ un gâteau.   apporter

l. L'an prochain, nous n'_ _ _ _ _ _ _ _ _ plus ici.   habiter

m. Je n'_ _ _ _ _ _ _ _ _ pas me lever tôt.   aimer

n. Nous _ _ _ _ _ _ _ _ _ quand tu auras appris ta leçon.   dîner

o. Lorsqu'il était jeune, il ne _ _ _ _ _ _ _ _ _ pas beaucoup.   voyager

80. EXPRESSIONS IMAGÉES Which preposition fits the blank?

a. Il a fait son devoir _ _ _ _ _ _ _ les règles.

b. Il agit _ _ _ _ _ _ _ vents et marées.

c. Elle doit comparaître _ _ _ _ _ _ _ le juge.

d. Ils ont toujours une idée _ _ _ _ _ _ _ la tête.

e. Elle a le cœur _ _ _ _ _ _ _ la main.

f. Je suis assis _ _ _ _ _ _ _ deux chaises.

g. Je voudrais rentrer _ _ _ _ _ _ _ terre.

h. Rendez-vous _ _ _ _ _ _ _ la rue.

i. Bienvenue _ _ _ _ _ _ _ nous.

j. Nous étions assis _ _ _ _ _ _ _.

k. Ils sont tous venus, _ _ _ _ _ _ _ lui.

l. Nous avons pu entrer _ _ _ _ _ _ _ finances.

m. Il s'est levé _ _ _ _ _ _ _ l'aube.

n. Ouf! Ils sont _ _ _ _ _ _ _ de danger maintenant.

o. Le bon roi Dagobert a mis sa culotte _ _ _ _ _ _ _.

sauf
au coin de
entre
sous
moyennant
face à face
selon
hors
sur
dès
à l'envers
derrière
contre
devant
parmi

81. EXPRESSIONS ANIMALIÈRES Which is the correct meaning?

a._____ Il m'a posé un lapin.

1. ⚪ Il mais n'est pas venu au rendez-vous.
2. ⚪ Il est parti chasser le lapin.
3. ⚪ Il n'aime pas le lapin.

b._____ Il est paresseux comme une couleuvre.

1. ⚪ Il bouge tout le temps.
2. ⚪ Il est toujours très actif.
3. ⚪ Il est très paresseux.

c._____ Cette femme a du chien.

1. ⚪ Elle adore les chiens.
2. ⚪ Elle s'occupe d'un chenil.
3. ⚪ Elle est très séduisante.

d._____ J'ai la chair de poule.

1. ⚪ J'étouffe.
2. ⚪ J'ai froid.
3. ⚪ J'ai mangé un œuf.

e._____ Elle a une taille de guêpe.

1. ⚪ Elle a la taille très fine.
2. ⚪ Elle s'est fait piquer.
3. ⚪ Elle est plutôt ronde.

f._____ Il n'y avait pas un chat.

1. ⚪ Il y avait plein d'animaux.
2. ⚪ Il n'y avait personne.
3. ⚪ Un chat m'a griffé.

a. tirer

b. prendre

c. être

d. s'en sortir

e. croiser

f. filer

g. consommer

h. mourir

i. passer

j. mettre

k. sauver

l. connaître

m. abreuver

n. abuser

o. réclamer

&

d'ennui

la corde au cou

un troupeau

avec modération

son dû

de la patience de quelqu'un

un endroit comme sa poche

les doigts

en douce

les apparences

le meilleur parti d'une situation

le couvert

sain et sauf

son mal en patience

à pied d'œuvre

Workout 83: a. a commandé b. s'est levée c. avons envoyé d. s'est recouché e. ai travaillé
f. se sont reposés g. a accepté h. as grandi i. ai réservé j. se sont endormis k. a offert
l. a réussi m. ai perdu n. ont divorcé o. a gagné

Workout 82: a. ... le meilleur parti d'une situation   b. ... son mal en patience   c. ... à pied d'œuvre
d. ... sain et sauf   e. ... les doigts   f. ... en douce   g. ... avec modération   h. ... d'ennui
i. ... la corder au cou   j. ... le couvert   k. ... les apparences   l. ... un endroit comme sa poche
m. ... un troupeau   n. ... de la patience de quelqu'un   o. ... son dû

83. PASSÉ COMPOSÉ What is the *passé composé* of these verbs?

a. Il _ _ _ _ _ _ _ _ _ deux cafés. — commander

b. Elle _ _ _ _ _ _ _ _ tôt ce matin. — se lever

c. Nous _ _ _ _ _ _ _ _ une carte à nos parents. — envoyer

d. Il _ _ _ _ _ _ _ _ après avoir déjeuné. — se recoucher

e. J'_ _ _ _ _ _ _ _ dans cette région pendant près de trois ans. — travailler

f. Les enfants _ _ _ _ _ _ _ _ _ pendant une heure. — se reposer

g. Elle _ _ _ _ _ _ _ _ mon offre. — accepter

h. Tu _ _ _ _ _ _ _ _ depuis la dernière fois. — grandir

i. J'_ _ _ _ _ _ _ _ une chambre à l'hôtel. — réserver

j. Ils _ _ _ _ _ _ _ _ devant la télévision. — s'endormir

k. Il _ _ _ _ _ _ _ _ une bague à son amie. — offrir

l. Elle _ _ _ _ _ _ _ _ à le joindre. — réussir

m. J'_ _ _ _ _ _ _ _ mes clés et mes papiers. — perdre

n. Ils _ _ _ _ _ _ _ _ il y a cinq ans. — divorcer

o. Ma sœur _ _ _ _ _ _ _ _ à la loterie. — gagner

84. WHICH FRENCH IDIOM MATCHES THE EXPRESSION IN ENGLISH?

a. It's a dead give-away.

b. That's the last straw.

c. That cost me a small fortune.

d. My luck has changed.

e. It looks promising.

f. to move heaven and earth

g. to put on a bold front

h. In the kingdom of the blind, the one-eyed man is king.

i. to lose one's good name

j. to see one's chance

k. to put all one's eggs in one basket

l. to eat like a horse

m. You could wait 'til the cows come home.

n. to have the first dance

◡ manger comme quatre

◡ faire bonne contenance

◡ Ça s'annonce plutôt mal.

◡ remuer ciel et terre

◡ mettre tous ses œufs dans le même panier

◡ tomber de son piédestal

◡ C'est cousu de fil blanc.

◡ Au royaume des aveugles les borgnes sont rois.

◡ Il peut attendre jusqu'à la saint-glinglin.

◡ C'est la fin des haricots.

◡ sentir un vent favorable

◡ ouvrir le bal

◡ Ça me coûte les yeux de la tête.

◡ La chance a tourné.

Workout 85: a. réaliser une expérience b. emprunter un chemin c. rembourser un emprunt
d. préserver un équilibre e. gagner sa vie f. tomber à la renverse g. faire la vaisselle
h. conjuguer un verbe i. recharger des accus j. prendre l'avion k. tracer un cercle
l. percer un trou m. passer l'aspirateur n. dire la messe o. assister à une représentation

85. RÉALISER UNE EXPÉRIENCE Which verb goes with which noun?

a.	réaliser		l'avion
b.	emprunter		sa vie
c.	rembourser		des accus
d.	préserver		un verbe
e.	gagner		un chemin
f.	tomber		l'aspirateur
g.	faire		la messe
h.	conjuguer		à une représentation
i.	recharger		la vaisselle
j.	prendre		un équilibre
k.	tracer		un trou
l.	percer		à la renverse
m.	passer		un cercle
n.	dire		une expérience
o.	assister		un emprunt

86. EXPRESSIONS CORPORELLES What do these expressions mean?

a. Il marche la tête haute.
1. ◯ Il a mal à la tête.
2. ◯ Il est très grand.
3. ◯ Il n'a rien à se reprocher.

b. Ils ont cassé du sucre sur son dos.
1. ◯ Ils ont dit du mal de lui.
2. ◯ Il les a portés sur son dos.
3. ◯ Il a mal au dos.

c. Il n'a plus un cheveu sur le caillou.
1. ◯ Il va souvent chez le coiffeur.
2. ◯ Il collectionne les cailloux.
3. ◯ Il est chauve.

d. Il n'a pas bougé le petit doigt.
1. ◯ Il n'a absolument rien fait.
2. ◯ Il a les ongles longs.
3. ◯ Il est très nerveux.

e. Elle a changé son fusil d'épaule.
1. ◯ Elle a acheté un nouveau fusil.
2. ◯ Elle a changé d'avis.
3. ◯ Elle n'aime pas la chasse.

f. Il se prend pour le nombril du monde.
1. ◯ Il adore être seul.
2. ◯ Il croit qu'il est seul au monde.
3. ◯ Il a souvent des maux de ventre.

Workout 87: a. ... comme un dératé b. ... à ses fins c. ... comme les blés
d. ... à l'âne e. ... de joie f. ... pour un examen g. ... d'un poids h. ... dans son vin
i. ... avant les bœufs j. ... de fourchette k. ... à la même enseigne l. ... un rhume
m. ... sous le sens n. ... une bonne tournure o. ... le lit

87. EXPRESSIONS TOUTES FAITES What are the correct expressions?

a. courir

b. parvenir

c. être fauché

d. sauter du coq

e. pousser des cris

f. s'inscrire

g. se décharger

h. mettre de l'eau

i. mettre la charrue

j. avoir un bon coup

k. être logé

l. attraper

m. tomber

n. prendre

o. garder

à l'âne

d'un poids

sous le sens

le lit

de fourchette

avant les bœufs

un rhume

une bonne tournure

à la même enseigne

à ses fins

comme les blés

de joie

comme un dératé

dans son vin

pour un examen

88. ANTONYMES Which opposites go together?

a.	accélérer	◡ création
b.	rétrécir	◡ atterrissage
c.	dynamique	◡ rural
d.	décollage	◡ coupable
e.	progression	◡ casser
f.	suppression	◡ souple
g.	réparer	◡ élargir
h.	rectiligne	◡ pénurie
i.	bronzé	◡ fin
j.	habiller	◡ régression
k.	innocent	◡ courbe
l.	rigide	◡ pâle
m.	urbain	◡ apathique
n.	début	◡ ralentir
o.	abondance	◡ dévêtir

&

Workout 89: a. valise b. colline c. très bon d. à l'épicerie e. ruisseau f. quelques g. grande
h. désagréable i. gris j. arbustes k. prospectus l. poubelle m. un napperon n. une tasse
o. appartement

89. NUANCEZ VOS PROPOS! Which term "tones down" the underlined expression?

a. J'ai rempli une <u>malle</u> de vêtements. - - - - - - - - - ⟶

b. Ils habitent au pied d'une <u>montagne</u>. - - - - - - - - ⟶

c. Votre travail est <u>excellent</u>. - - - - - - - - - - - - - - ⟶

d. J'ai fait les courses <u>dans un supermarché</u>. - - - - - - ⟶

e. Nous avons fait une halte au bord d'un <u>fleuve</u>. - - - ⟶

f. Je possède <u>une collection de</u> timbres rares. - - - - - ⟶

g. Leur maison est <u>gigantesque</u>. - - - - - - - - - - - - - ⟶

h. C'est une personne <u>détestable</u>. - - - - - - - - - - - - ⟶

i. Il s'est acheté un pull <u>anthracite</u>. - - - - - - - - - - ⟶

j. Ils ont planté des <u>arbres</u> dans le jardin. - - - - - - - ⟶

k. J'ai lu leur <u>catalogue</u>. - - - - - - - - - - - - - - - - ⟶

l. J'ai jeté les ordures à la <u>décharge</u>. - - - - - - - - - - ⟶

m. Elle a recouvert la table d'<u>une nappe</u>. - - - - - - - - ⟶

n. Veux-tu <u>un bol</u> de café? - - - - - - - - - - - - - - - ⟶

o. Ils viennent d'acheter un <u>immeuble</u>. - - - - - - - - - ⟶

gris

valise

quelques

une tasse

grande

désagréable

colline

à l'épicerie

un napperon

appartement

très bon

poubelle

ruisseau

prospectus

arbustes

90. TOUT, TOUS & TOUTES Which of these forms fits?

a. _____ les étudiants sont partis en vacances.

b. Il faut de _____ pour faire un monde.

c. Je suis capable de te citer _____ les capitales européennes.

d. Je n'ai pas vu _____ les films de ce metteur en scène.

e. Vous pouvez me joindre à _____ heure du jour et de la nuit.

f. Il n'était pas _____ à fait neuf heures lorsqu'ils se sont mis en route.

g. Sur cette route, il y a une borne _____ les dix kilomètres.

h. Je ne suis pas sûre d'avoir pensé à _____.

i. _____ est bien qui finit bien.

j. Il sort de l'usine _____ les jours à la même heure.

k. Cet homme n'a plus _____ sa tête.

l. Ils ont roulé à _____ allure.

m. _____ les fois que je le vois, il est malade.

n. Il a _____ intérêt à écouter tes conseils.

o. Il m'a priée de se présenter chez lui _____ de suite.

Workout 91: a. Ils ont construit une maison au bord de l'eau. b. Je vous remercie d'avoir pensé à moi. c. Ils ont sablé le champagne pour fêter sa réussite. d. Ils vivent dans un quartier très cosmopolite. e. L'hirondelle est un oiseau migrateur. f. Il a percé un trou dans le mur pour accrocher un tableau. g. Les enfants détestent les courgettes en gratin.

91. REMETTEZ LES PHRASES DANS LE BON ORDRE What is the correct word order?

a. Ils une bord maison au construit de ont l'eau

b. Je d'avoir vous moi pensé remercie à

c. Ils fêter réussite sablé pour ont champagne sa le

d. Ils quartier dans un cosmopolite vivent très

e. L'hirondelle oiseau un migrateur est

f. Il mur un trou tableau dans accrocher a le percé pour un

g. Les gratin courgettes détestent enfants les en

92. IMPARFAIT What is the imperfect of these verbs?

a. Avant, je _ _ _ _ _ _ _ _ souvent me promener tout seul.

b. Quand j'étais étudiant, je _ _ _ _ _ _ _ _ dans une petite chambre.

c. De leur temps, le cinéma n'_ _ _ _ _ _ _ _ pas.

d. A l'âge de 15 ans, elle _ _ _ _ _ _ _ _ déjà tous les soirs.

e. Quand il était petit, il _ _ _ _ _ _ _ _ beaucoup de lait.

f. Hier, je ne _ _ _ _ _ _ _ _ pas venir.

g. A cette époque, les gens _ _ _ _ _ _ _ _ de peu.

h. Avant, la neige _ _ _ _ _ _ _ _ pendant au moins trois mois l'hiver.

i. Il y a cinq ans, je ne _ _ _ _ _ _ _ _ pas.

j. Lorsque nous sommes rentrés, les enfants ne _ _ _ _ _ _ _ _ pas encore.

k. Quand l'acteur est entré sur scène, il _ _ _ _ _ _ _ _ le trac.

l. Au moment où il est arrivé, je ne _ _ _ _ _ _ _ _ plus quoi dire.

m. Quand elle était petite, elle _ _ _ _ _ _ _ _ la natation.

n. Lorsqu'il a téléphoné, j'_ _ _ _ _ _ _ _ en train de préparer du café.

o. Enfant, il _ _ _ _ _ _ _ _ toujours avec son frère.

partir
vivre
exister
sortir
boire
pouvoir
se contenter
tomber
fumer
dormir
avoir
savoir
détester
être
se disputer

Workout 93: a. 2 b. 3 c. 3 d. 2 e. 1 f. 1

93. EXPRESSIONS CHIFFRÉES What is the correct meaning?

a.   Je m'en moque comme de l'an 40.

1. ◡ Je me suis moqué d'eux.
2. ◡ Cela ne m'intéresse pas.
3. ◡ Je n'étais pas né en 1940.

b.   se ressembler comme deux gouttes d'eau

1. ◡ ne pas avoir les mêmes traits
2. ◡ ne pas se ressembler du tout
3. ◡ se ressembler beaucoup

c.   J'ai reçu ton message cinq sur cinq.

1. ◡ Je n'ai pas reçu ton message
2. ◡ J'ai eu du mal à déchiffrer ton message.
3. ◡ J'ai très bien compris ton message.

d.   Il est au 36e dessous.

1. ◡ Il habite au 36e étage.
2. ◡ Il n'a pas le moral.
3. ◡ Il a 36 ans.

e.   Il était sur son trente et un.

1. ◡ Il était très bien habillé.
2. ◡ Il était prêt à tout.
3. ◡ Il était nerveux.

f.   Je n'ai dormi que d'un œil.

1. ◡ J'ai le sommeil léger.
2. ◡ J'ai le sommeil très lourd.
3. ◡ Je n'ai rien entendu.

94. "DES", "DU" OU "DE LA"? Which is the correct article?

a. J'ai acheté _ _ _ _ _ _ vin en prévision du repas de Noël.

b. Veux-tu _ _ _ _ _ _ sucre dans ton café?

c. J'ai acheté _ _ _ _ _ _ fleurs pour les remercier.

d. Ma fille a mis _ _ _ _ _ _ peinture partout dans sa chambre.

e. J'ai trouvé _ _ _ _ _ _ laine pour me tricoter un pull.

f. Mon cousin joue _ _ _ _ _ _ guitare.

g. Nous avons ramassé _ _ _ _ _ _ escargots sous la pluie.

h. Ils ont coupé _ _ _ _ _ _ bois toute la journée.

i. Je préfère mettre _ _ _ _ _ _ confiture sur mes tartines.

j. J'aime écouter _ _ _ _ _ _ musique lorsque je travaille.

k. J'ai reçu une carte postale _ _ _ _ _ _ Japon.

l. J'aimerais décorer mon appartement avec _ _ _ _ _ _ plantes vertes.

m. J'ai lu _ _ _ _ _ _ livres très intéressants dernièrement.

n. J'ai préparé _ _ _ _ _ _ compote pour ma fille.

o. Il m'a offert _ _ _ _ _ _ parfum pour ma fête.

Workout 95: a. un pinceau b. un tracteur c. une truelle d. une caisse enregistreuse e. un stylo f. un téléphone g. une scie h. un ordinateur i. un avion j. des patins à glace k. une baguette l. une casserole m. une planche à voile n. une aiguille o. une lance

95. MÉTIERS & INSTRUMENTS DE TRAVAIL Which is the correct implement?

a. Un peintre réalise des tableaux avec	*une caisse enregistreuse*
b. Un fermier laboure son champ avec	*une scie*
c. Un maçon construit des murs avec	*une aiguille*
d. Une caissière enregistre les achats des clients sur	*une planche à voile*
e. Un poète écrit des vers avec	*un tracteur*
f. Une standardiste répond aux appels avec	*un pinceau*
g. Un bûcheron coupe du bois avec	*une lance*
h. Un informaticien écrit des programmes sur	*un avion*
i. Une hôtesse de l'air s'occupe des passagers dans	*une casserole*
j. Un joueur de hockey sur glace s'entraîne avec	*des patins à glace*
k. Un chef d'orchestre dirige les musiciens avec	*une truelle*
l. Un cuisinier prépare le repas dans	*un stylo*
m. Un véliplanchiste affronte les vagues avec	*un ordinateur*
n. Une couturière exécute ses travaux avec du fil et	*un téléphone*
o. Un pompier éteint un incendie avec	*une baguette*

96. EXPRESSIONS COLORÉES What are these colorful phrases?

a. rouge
b. vert
c. peur
d. jaune
e. marron
f. humour
g. blanc
h. flamant
i. orange
j. matière
k. fromage
l. bleu
m. bois
n. fer
o. gris

&

d'œuf
noir
marine
comme une tomate
sanguine
grise
rouge
vert
glacé
blanc
souris
émeraude
de poulet
bleue
rose

Workout 97: a. Hello! b. Come on in. c. You're right. d. See you soon!
e. I beg your pardon. f. That's wrong. g. That's terrible! h. I'm very pleased with it.
i. I feel fine. j. I'm disappointed. k. I'm bored. l. I'm afraid.
m. Leave me alone! n. I wasn't expecting that. o. I'm worried.

Workout 96: a. rouge comme une tomate b. vert émeraude c. peur bleue d. jaune d'œuf
e. marron glacé f. humour noir g. blanc de poulet h. flamant rose i. orange sanguine
j. matière grise k. fromage blanc l. bleu marine m. bois vert n. fer rouge o. gris souris

97. BONJOUR! What do the following phrases mean?

a. Bonjour!

b. Viens, je t'invite.

c. Vous avez raison.

d. A bientôt!

e. Je te demande pardon.

f. C'est faux.

g. C'est affreux!

h. Ça me fait plaisir.

i. Je me sens bien.

j. Je suis déçu.

k. Je m'ennuie.

l. J'ai peur.

m. Laissez-moi tranquille!

n. Je ne m'y attendais pas.

o. Je me fais du souci.

◡ I'm worried.

◡ Leave me alone!

◡ I beg your pardon.

◡ Come on in.

◡ I wasn't expecting that.

◡ I'm afraid.

◡ Hello!

◡ I'm bored.

◡ I feel fine.

◡ I'm very pleased with it.

◡ You're right.

◡ That's wrong.

◡ That's terrible!

◡ I'm disappointed.

◡ See you soon!

98. VERBES PRONOMINAUX What is the appropriate form for these verbs?

a. Il _ _ _ _ _ _ _ _ _ tout le temps.

b. Elle _ _ _ _ _ _ _ _ _ dans le miroir.

c. Il _ _ _ _ _ _ _ _ toujours avant moi.

d. Je _ _ _ _ _ _ _ _ les mains avant de manger.

e. Ils _ _ _ _ _ _ _ _ il y a deux ans.

f. Je _ _ _ _ _ _ _ _ en faisant l'addition.

g. Nous _ _ _ _ _ _ _ _ _ tous les matins au coin de la rue.

h. Il _ _ _ _ _ _ _ _ Pierre.

i. Elle _ _ _ _ _ _ _ _ rarement.

j. Ils _ _ _ _ _ _ _ _ dans leur chambre.

k. Elle _ _ _ _ _ _ _ _ derrière l'armoire.

l. Nous _ _ _ _ _ _ _ _ cinq minutes.

m. Elle _ _ _ _ _ _ _ _ pour une soirée.

n. Je _ _ _ _ _ _ _ _ auprès de lui.

o. Pourquoi _ _ _ _ _ _ _ _ _-tu à leur sujet?

se plaindre

se regarder

s'endormir

se laver

s'associer

se tromper

se croiser

s'appeler

se maquiller

se reposer

se cacher

s'arrêter

se préparer

s'excuser

s'inquiéter

Workout 99: a. 2 b. 1 c. 2 d. 3 e. 1 f. 3

99. EXPRESSIONS IMAGÉES Which meaning is correct?

a. _____ J'en ai plein le dos!

1. ⚪ Je me tiens bien droit.
2. ⚪ J'en ai marre.
3. ⚪ Je porte un sac sur mon dos.

b. _____ J'ai un chat dans la gorge.

1. ⚪ Je suis enroué.
2. ⚪ Mon chat est tombé malade.
3. ⚪ J'ai peur des chats.

c. _____ J'étais à deux doigts de t'appeler.

1. ⚪ Je n'avais pas envie de t'appeler.
2. ⚪ J'étais sur le point de t'appeler.
3. ⚪ Je ne connaissais pas ton numéro.

d. _____ Ce travail mérite dix sur dix.

1. ⚪ Ce travail est mal fait.
2. ⚪ Ce travail a été refait dix fois.
3. ⚪ Ce travail est parfait.

e. _____ Elle se porte comme un charme.

1. ⚪ Elle est en bonne santé.
2. ⚪ Elle me déplaît.
3. ⚪ Elle est très séduisante.

f. _____ En partant, elle avait le cafard.

1. ⚪ Elle n'est pas partie.
2. ⚪ Elle était contente de partir.
3. ⚪ Elle était triste de partir.

a. Je n'ai pas trouvé de place dans le <u>parking</u> souterrain.
b. J'ai envie de prendre mon <u>walkman</u> pour le voyage.
c. Je suis convoqué pour <u>une interview</u> dans une société.
d. Je recherche de nouveaux clients par <u>mailing</u>.
e. En pensant à lui, j'ai eu <u>un coup de blues</u>.
f. Mon frère fait <u>du skate-board</u>.
g. Nous communiquons par <u>e-mail</u>.
h. La <u>speakerine</u> est en train d'annoncer un bon film.
i. Nous avons vendu des <u>tanks</u> à l'ennemi.
j. Pour aller plus vite, je vous envoie <u>un fax</u>.
k. J'ai trouvé un <u>job</u> pour cet été.
l. Il a dû acheter un <u>smoking</u> pour ce mariage.
m. Nous avons prévu <u>un meeting</u> demain matin.
n. Les nouvelles voitures sont équipées <u>d'airbags</u>.
o. Le <u>goal</u> n'a pas pu arrêter le dernier but.

de la planche à roulettes
une télécopie
chars
parc de stationnement
présentatrice
du vague à l'âme
gardien de but
baladeur
costume
une réunion
courrier électronique
de coussins gonflables
un entretien
travail
publipostage

Workout 101: a. paresseux & fainéant b. transfert & transmission c. connaissance & savoir
d. manière & façon e. s'étendre & s'étaler f. environ & à peu près g. frontière & limite
h. apparence & aspect i. importuner & gêner j. ensuite & après k. intersection & croisement
l. automobile & voiture m. barrière & obstacle n. défendre & interdire o. accident & collision

Workout 100: a. parc de stationnement b. baladeur c. un entretien d. publipostage
e. du vague à l'âme f. de la planche à roulettes g. courrier électronique h. présentatrice
i. chars j. une télécopie k. travail l. costume m. une réunion n. de coussins gonflables
o. gardien de but

101. SYNONYMES Which synonyms match?

a.	paresseux	gêner
b.	transfert	collision
c.	connaissance	s'étaler
d.	manière	limite
e.	s'étendre	interdire
f.	environ	après
g.	frontière	fainéant
h.	apparence	transmission
i.	importuner	voiture
j.	ensuite	obstacle
k.	intersection	façon
l.	automobile	aspect
m.	barrière	à peu près
n.	défendre	savoir
o.	accident	croisement

102. VRAI OU FAUX? Are these statements true or false?

a. Venise est la capitale de l'Italie.
b. Le riz est un légume vert.
c. Il faut étudier le droit pour devenir avocat.
d. L'eau désaltère plus qu'un soda.
e. Quand il pleut, la chaussée est humide.
f. Un quotidien paraît une fois par mois.
g. Les enfants sont plus âgés que leurs parents.
h. L'éléphant est plus lourd qu'une souris.
i. Dans les Alpes, il ne neige jamais en hiver.
j. Pékin est une ville du continent africain.
k. La tortue avance moins vite que le lièvre.
l. En Europe, l'hiver est une saison chaude.
m. Un fauteuil est plus lourd qu'un tabouret.
n. En automne, les feuilles jaunissent.
o. Les vendanges ont lieu à Noël.

true —— false
true —— false
true —— false
true —— false
true —— false
true —— false
true —— false
true —— false
true —— false
true —— false
true —— false
true —— false
true —— false
true —— false
true —— false

Workout 103: a. Chère b. Comment c. Ecosse d. beau e. nous promener f. photos g. anglais
h. accent i. comprendre j. louée k. cuisine l. restaurant m. spécialités n. courage o. amitiés

103. COURRIER Insert the correct word in the blanks!

a. _ _ _ _ _ _ _ _ Céline,

b. _ _ _ _ _ _ _ _ vas-tu depuis notre départ?

c. Nous sommes bien arrivés en _ _ _ _ _ _ _ _.

d. Il ne fait pas très _ _ _ _ _ _ _ _,

e. mais nous allons _ _ _ _ _ _ _ _ au bord d'un lac.

f. Je ferai des _ _ _ _ _ _ _ _ pour pouvoir te montrer.

g. Les enfants essaient de parler _ _ _ _ _ _ _ _,

h. mais les gens ont un _ _ _ _ _ _ _ _ particulier ici.

i. Il n'est donc pas toujours facile de les _ _ _ _ _ _ _ _.

j. La maison que nous avons _ _ _ _ _ _ _ _ est ravissante.

k. Nous pouvons même faire la _ _ _ _ _ _ _ _.

l. Mais nous irons aussi au _ _ _ _ _ _ _ _,

m. afin de goûter des _ _ _ _ _ _ _ _ locales.

n. Bon _ _ _ _ _ _ _ _ pour la suite!

o. Toutes mes _ _ _ _ _ _ _ _.

Comment

courage

cuisine

anglais

comprendre

Chère

amitiés

louée

spécialités

nous promener

accent

photos

Ecosse

restaurant

beau

104. DITES-LE AUTREMENT! Find the correct answer!

a, _Je me mets à ta place._

1. ◡ _Je te remplace._
2. ◡ _Je comprends ce que tu ressens._
3. ◡ _Je parle pour toi._

b, _J'ai la conscience tranquille._

1. ◡ _Je ne me fais aucun souci._
2. ◡ _J'ai mauvaise conscience._
3. ◡ _Je ne suis pas tranquille._

c, _Vivement que tu viennes!_

1. ◡ _Reste chez toi._
2. ◡ _J'ai hâte que tu viennes._
3. ◡ _Je ne veux pas te voir._

d, _Nous avons bu un coup._

1. ◡ _Nous n'avions pas soif._
2. ◡ _Nous n'avons rien pu boire._
3. ◡ _Nous avons bu un verre._

e, _Il est tombé en panne sèche._

1. ◡ _Il m'a retrouvé au garage._
2. ◡ _Il a vendu sa voiture._
3. ◡ _Il n'avait plus d'essence._

f, _Elle fait la tête._

1. ◡ _Elle boude._
2. ◡ _Elle a mal à la tête._
3. ◡ _Elle a la tête bien pleine._

Workout 105: a. … n'a rien. b. … d'un plus petit que soi. c. … le beau temps. d. … est fait.
e. … chose due. f. … n'est pas or. g. … que courir. h. … porte conseil. i. … il revient au galop.
j. … avant de l'avoir tué. k. … ont toujours tort. l. … confirme la règle.
m. … et ne se ressemblent pas. n. … ont des oreilles. o. … s'assemble.

105. PROVERBES Complete the proverb!

a. Qui ne risque rien,
b. On a souvent besoin
c. Après la pluie,
d. Ce qui est fait
e. Chose promise,
f. Tout ce qui reluit,
g. Mieux vaut tenir
h. La nuit
i. Chassez le naturel,
j. Il ne faut pas vendre la peau de l'ours
k. Les absents
l. L'exception
m. Les jours se suivent
n. Les murs
o. Qui se ressemble,

- est fait.
- chose due.
- que courir.
- porte conseil.
- avant de l'avoir tué.
- ont toujours tort.
- et ne se ressemblent pas.
- confirme la règle.
- ont des oreilles.
- n'est pas or.
- le beau temps.
- s'assemble.
- d'un plus petit que soi.
- il revient au galop.
- n'a rien.

106. EMPLOI DU TEMPS Complete this routine with the appropriate words!

a. En général, mon _ _ _ _ _ _ _ _ sonne à 7h00.

b. Vers 7h45, je pars au _ _ _ _ _ _ _ _ en voiture.

c. Vers 10h00, nous faisons une _ _ _ _ _ _ _ _ avec les collègues.

d. A midi, je déjeune à la _ _ _ _ _ _ _ _.

e. L'après-midi, j'assiste à différentes _ _ _ _ _ _ _ _.

f. J'essaie également de répondre au _ _ _ _ _ _ _ _.

g. Après le travail, je pars nager à la _ _ _ _ _ _ _ _.

h. Il m'arrive aussi de jouer au _ _ _ _ _ _ _ _.

i. Ensuite, je rentre à la _ _ _ _ _ _ _ _.

j. Le soir, après le _ _ _ _ _ _ _ _, je m'occupe de différentes façons.

k. Parfois, je regarde la _ _ _ _ _ _ _ _.

l. Il m'arrive également de faire une _ _ _ _ _ _ _ _.

m. Je couche les enfants et je leur lis une _ _ _ _ _ _ _ _.

n. Je prends toujours une _ _ _ _ _ _ _ _ avant de me coucher.

o. Avant de m'endormir, je lis quelques _ _ _ _ _ _ _ _ de mon livre.

courrier
dîner
douche
promenade
réveil
histoire
cantine
chapitres
télévision
réunions
tennis
piscine
travail
maison
pause

Workout 107: a. false b. true c. false d. false e. true f. true g. false h. true
i. true j. false k. false l. true m. true n. false o. true

107. VRAI OU FAUX? Circle "true" or "false"!

a. Les enfants ont le droit de voter. ⬤ true —— false

b. Le facteur distribue le courrier. true —— false

c. Le mouton aboie. true —— false

d. La capitale du Portugal est Madrid. true —— false

e. Les cerises se ramassent au mois de juin. true —— false

f. Il y a beaucoup de canaux aux Pays-Bas. true —— false

g. Une institutrice travaille dans une boucherie. true —— false

h. La poule pond des œufs. true —— false

i. Le Sénégal est un pays africain. true —— false

j. Le pain se prépare sans farine. true —— false

k. Un cheval a trois pattes. true —— false

l. Pour couper du bois, on utilise une scie. true —— false

m. Le sushi est une spécialité japonaise. true —— false

n. La baleine vit dans des rivières. true —— false

o. Un hebdomadaire paraît une fois par semaine. true —— false

108. JE ME PRÉSENTE Complete the sentences with the appropriate words!

a. Bonjour, je _ _ _ _ _ _ _ _ Claire.

b. Je suis _ _ _ _ _ _ _ _ à Toulouse, en France.

c. J'ai deux _ _ _ _ _ _ _ _ _ plus jeunes que moi.

d. Je suis _ _ _ _ _ _ _ _ en langues.

e. Plus tard, j'aimerais _ _ _ _ _ _ _ _ _ l'anglais et le français.

f. Je suis également tentée par la _ _ _ _ _ _ _ _ _.

g. Mon sport préféré est l'_ _ _ _ _ _ _ _ _.

h. Je n'aime pas les _ _ _ _ _ _ _ _ violents.

i. J'écoute aussi beaucoup de _ _ _ _ _ _ _ _.

j. L'_ _ _ _ _ _ _ _ que je préfère est le piano.

k. J'ai beaucoup d'amis dans différents _ _ _ _ _ _ _ _.

l. Je voyage d'ailleurs beaucoup, pour leur rendre _ _ _ _ _ _ _ _.

m. J'ai toujours aimé les grands _ _ _ _ _ _ _ _.

n. J'habite encore chez mes _ _ _ _ _ _ _ _.

o. Mais j'espère trouver un _ _ _ _ _ _ _ _ bientôt.

équitation
pays
instrument
née
m'appelle
parents
musique
étudiante
appartement
traduction
frères
enseigner
sports
visite
voyages

Workout 109: a. Il préfère le jazz à la musique classique. Nous prenons le bateau pour aller en Corse. c. Je connais ce poème sur le bout des doigts. d. Il écoute toujours la radio dans la salle de bains. e. La commune envisage de construire un terrain de sport. f. Je n'ai pas encore fini mon livre. g. C'est un garçon très sûr de lui.

Workout 108: a. m'appelle b. née c. frères d. étudiante e. enseigner f. traduction g. équitation
h. sports i. musique j. instrument k. pays l. visite m. voyages n. parents o. appartement

109. REMETTEZ LES PHRASES DANS LE BON ORDRE Reorganize these sentences correctly!

a. Il | le | jazz | musique | la | préfère | classique | à

b. Nous | aller | le | en | bateau | pour | Corse | prenons

c. Je | doigts | ce | sur | bout | le | connais | poème | des

d. Il | bains | écoute | salle | la | dans | toujours | la | de | radio

e. La | de | de | construire | terrain | envisage | commune | un | sport

f. Je | pas | livre | encore | mon | n'ai | fini

g. C'est | de | garçon | lui | sûr | très | un

110. NUANCEZ VOS PROPOS Fill in the term that "tones down" the underlined expression.

a. _Le lac_ a gelé l'hiver dernier. - - - - - - - - - - - - - - - - ➤
b. Des _milliers_ de personnes ont manifesté. - - - - - - ➤
c. Nous avons ramassé _des brassées_ de fleurs. - - - ➤
d. J'ai besoin _d'une loupe_ pour lire. - - - - - - - - - - - - - ➤
e. Ils se sont perdus dans _la forêt_. - - - - - - - - - - - - - ➤
f. J'ai acheté _un kilo_ de pommes. - - - - - - - - - - - - - - ➤
g. Le train était _bondé_. - ➤
h. J'ai rangé mes vêtements dans _l'armoire_. - - - - - ➤
i. _Une échelle_ est nécessaire pour monter sur le toit. ➤
j. Je boirais volontiers _une grande bouteille_ d'eau. ➤
k. Il connaît tous les bars _de la ville_. - - - - - - - - - - - ➤
l. Ses résultats sont _très mauvais_. - - - - - - - - - - - - - ➤
m. Elle a _éclaté de rire_ en entendant mon histoire. ➤
n. L'eau de ce lac est _transparente_. - - - - - - - - - - - - ➤
o. J'ai réservé une _suite_ à l'hôtel. - - - - - - - - - - - - - ➤

souri
trouble
le tiroir
la mare
centaines
un escabeau
un bouquet
du quartier
le bosquet
chambre
une livre
de lunettes
un verre
plein
médiocres

Workout 111: a. mieux b. meilleur c. mieux d. meilleures e. meilleur f. mieux g. mieux h. mieux
i. meilleurs j. meilleur k. mieux l. mieux m. meilleure n. mieux o. mieux

Workout 110: a. la mare b. centaines c. un bouquet d. de lunettes e. le bosquet f. une livre
g. plein h. le tiroir i. un escabeau j. un verre k. du quartier l. médiocres m. souri n. trouble
o. chambre

111. "MIEUX" OU "MEILLEUR"? Choose the correct word!

a. Elle cuisine _ _ _ _ _ _ _ _ que moi.

b. Le film est _ _ _ _ _ _ _ _ que le livre.

c. Il vaut _ _ _ _ _ _ _ _ que je parte avant qu'il arrive.

d. Les _ _ _ _ _ _ _ _ choses ont une fin.

e. Que le _ _ _ _ _ _ _ _ gagne!

f. Ça ira _ _ _ _ _ _ _ _ demain.

g. Moins je les vois, _ _ _ _ _ _ _ _ je me porte.

h. Je m'attendais à _ _ _ _ _ _ _ _, je suis déçu.

i. Les _ _ _ _ _ _ _ _ d'entre eux seront sélectionnés à l'issue d'un concours.

j. Il fait _ _ _ _ _ _ _ _ aujourd'hui qu'hier.

k. Le médecin a constaté un léger _ _ _ _ _ _ _ _.

l. J'ai fait de mon _ _ _ _ _ _ _ _, mais je n'y suis pas arrivé.

m. Je trouve que tu as _ _ _ _ _ _ _ _ mine que la semaine dernière.

n. Je dors _ _ _ _ _ _ _ _ chez moi que chez les autres.

o. Il vaut _ _ _ _ _ _ _ _ ne pas le déranger.

112. PROVERBES Complete the proverb!

a. L'appétit vient
b. Un tiens vaut mieux
c. Rien ne sert de courir,
d. Mieux vaut tard
e. Quand le chat n'est pas là,
f. Tel est pris
g. Dans le doute,
h. Chacun pour soi,
i. Pas de nouvelles,
j. Jeux de main,
k. Les bons comptes
l. Rira bien
m. Tel père,
n. On n'est jamais mieux servi
o. L'union

jeux de vilain.
qui rira le dernier.
abstiens-toi.
en mangeant.
que deux tu l'auras.
font les bons amis.
tel fils.
il faut partir à point.
que par soi-même.
qui croyait prendre.
fait la force.
et Dieu pour tous.
bonnes nouvelles.
les souris dansent.
que jamais.

Workout 113: a. quelle b. quel c. quelle d. quelle e. quel f. quels g. quelle h. quelle i. quels
j. quel k. quel l. quelle m. quelles n. quel o. quel

Workout 112: a. … en mangeant. b. … que deux tu l'auras. c. … il faut partir à point.
d. … que jamais. e. … les souris dansent. f. … qui croyait prendre. g. … abstiens-toi.
h. … et Dieu pour tous. i. … bonnes nouvelles. j. … jeux de vilain. k. … font les bons amis.
l. … qui rira le dernier. m. … tel fils. n. … que par soi-même. o. … fait la force.

113. QUEL, QUELS, QUELLE & QUELLES Insert the appropriate form!

a. _ _ _ _ _ _ _ _ _ _ _ heure est-il s'il vous plaît?

b. _ _ _ _ _ _ _ _ _ _ _ temps fera-t-il demain?

c. Je ne sais pas _ _ _ _ _ _ _ _ _ _ route prendre.

d. _ _ _ _ _ _ _ _ _ _ _ jolie maison!

e. _ _ _ _ _ _ _ _ _ _ est le but du voyage?

f. _ _ _ _ _ _ _ _ _ _ sont les objectifs de cette entreprise?

g. Je ne sais plus dans _ _ _ _ _ _ _ _ _ _ rue ils habitent.

h. _ _ _ _ _ _ _ _ _ _ _ horreur!

i. Elle ne sait pas _ _ _ _ _ _ _ _ _ _ livres acheter.

j. De _ _ _ _ _ _ _ _ _ _ instrument joue-t-il?

k. Pour _ _ _ _ _ _ _ _ _ _ candidat allez-vous voter?

l. _ _ _ _ _ _ _ _ _ _ est sa profession?

m. _ _ _ _ _ _ _ _ _ _ études suit-elle?

n. Je ne sais plus par _ _ _ _ _ _ _ _ _ _ train il doit arriver.

o. _ _ _ _ _ _ _ _ _ _ est selon toi le bruit le plus désagréable?

114. CHIFFRES & NOMBRES Fill in the correct number!

a. Un cheval a _ _ _ _ _ _ _ _ pattes.

b. L'année compte _ _ _ _ _ _ _ _ mois.

c. Un journal mensuel paraît _ _ _ _ _ _ _ _ fois par mois.

d. Chacune de nos mains compte _ _ _ _ _ _ _ _ doigts.

e. Sept et sept font _ _ _ _ _ _ _ _.

f. Ce magasin est ouvert sept jours sur _ _ _ _ _ _ _ _.

g. Les enfants ont appris à faire la preuve par _ _ _ _ _ _ _ _.

h. Cinq moins deux égalent _ _ _ _ _ _ _ _.

i. Jamais _ _ _ _ _ _ _ _ sans trois.

j. Il est né en 1992. Il aura _ _ _ _ _ _ _ _ ans en 1998.

k. Deux fois quatre égalent _ _ _ _ _ _ _ _.

l. Il y a _ _ _ _ _ _ _ _ joueurs dans une équipe de football.

m. Dix fois dix font _ _ _ _ _ _ _ _.

n. Une journée compte _ _ _ _ _ _ _ _ heures.

o. Certains disent que le chiffre _ _ _ _ _ _ _ _ porte malheur.

neuf
six
trois
onze
quatre
cinq
huit
sept
treize
cent
deux
vingt-quatre
quatorze
douze
une

Workout 115: a. false b. true c. false d. false e. true f. true g. true h. false i. false
j. true k. false l. false m. false n. false o. true

Workout 114: a. quatre b. douze c. une d. cinq e. quatorze f. sept g. neuf h. trois i. deux j. six
k. huit l. onze m. cent n. vingt-quatre o. treize

115. VRAI OU FAUX? Answer "true" or "false"!

a. Un marteau-piqueur est un outil silencieux.   true ——— false
b. L'orange est un fruit plein de vitamines.   true ——— false
c. L'Amérique a été découverte en 1816.   true ——— false
d. Atlanta est la capitale du Canada.   true ——— false
e. Le pamplemousse est un agrume.   true ——— false
f. Le bleu et le jaune donnent du vert.   true ——— false
g. Un orage peut occasionner des dégâts.   true ——— false
h. Un locataire ne paie pas de loyer.   true ——— false
i. Le bouton d'or est une fleur rouge.   true ——— false
j. Marcel Proust est un écrivain français.   true ——— false
k. L'Australie ne fait pas partie de l'Océanie.   true ——— false
l. La peinture à l'huile sèche tout de suite.   true ——— false
m. Les New-Yorkais sont les habitants de Newark.   true ——— false
n. Cinq fois cinq égalent vingt-quatre.   true ——— false
o. Budapest est arrosée par le Danube.   true ——— false

116. QUI, QUE, COMMENT & OÙ Insert the correct word!

a. _ _ _ _ _ _ _ est venu à leur petite fête?

b. _ _ _ _ _ _ _ as-tu su que j'étais ici?

c. _ _ _ _ _ _ _ veux-tu acheter au marché?

d. _ _ _ _ _ _ a pris mon sac?

e. _ _ _ _ _ _ se trouve la zone piétonne?

f. _ _ _ _ _ _ _ penses-tu de mes achats?

g. _ _ _ _ _ _ veut une glace?

h. _ _ _ _ _ _ comptes-tu venir chez nous?

i. _ _ _ _ _ _ as-tu rangé l'aspirateur?

j. _ _ _ _ _ _ _ pense-t-il faire après ses études?

k. _ _ _ _ _ _ a envie d'aller se baigner?

l. _ _ _ _ _ _ fais-tu pour garder ton calme?

m. _ _ _ _ _ _ sont-ils encore partis?

n. _ _ _ _ _ _ puis-je faire pour vous?

o. _ _ _ _ _ _ a appelé ce matin à sept heures?

Workout 117: a. phare b. camp c. serre d. dos e. or f. poêle g. mil h. scie i. soie j. rauque k. tomme l. mât m. car n. Paris o. sain

117. HOMONYMES Circle the correct word!

a. Son oncle était gardien de **far/phare**.

b. Nous avons fait un feu de **camp/quand** pour la Saint Jean.

c. L'effet de **serre/sert** préoccupe beaucoup les défenseurs de l'environnement.

d. Ils m'ont offert un joli sac à **do/dos** en cuir à Noël.

e. Penses-tu que cette bague est en **or/hors**?

f. Je vais faire revenir les légumes à la **poêle/poil**.

g. Le **mille/mil** est une céréale cultivée en Afrique.

h. Il s'est acheté une **scie/si** à métaux.

i. Je me suis fait faire une robe en **soie/soi** sauvage.

j. Il a une voix **roc/rauque**.

k. J'adore la **tomme/tome** de Savoie.

l. Le **mât/mas** de son voilier s'est brisé au début de la course.

m. Nous sommes allés à Venise en **quart/car**.

n. **Paris/pari** est la capitale de la France.

o. L'air n'est pas très **sain/sein** dans cette ville.

118. EXPRESSIONS ANIMALIÈRES Work out what these expressions mean!

a. Mon fils est excité comme une puce.

1. ⌣ Il est parfaitement calme.
2. ⌣ Il s'est fait piquer par une puce.
3. ⌣ Il est très énervé.

b. Je me sens frais comme un gardon.

1. ⌣ Je suis en pleine forme.
2. ⌣ Je suis très fatigué.
3. ⌣ Je n'ai le courage de rien faire.

c. J'avance comme un escargot.

1. ⌣ J'avance très vite.
2. ⌣ J'avance très lentement.
3. ⌣ J'avance à pas de géant.

d. Il a une mémoire d'éléphant.

1. ⌣ Il a une mémoire exceptionnelle.
2. ⌣ Il a très mauvaise mémoire.
3. ⌣ Il ne se souvient de rien.

e. J'ai des fourmis dans les jambes.

1. ⌣ J'ai les jambes très légères.
2. ⌣ Mes jambes me démangent.
3. ⌣ Je suis assise.

f. Elle a pris la mouche.

1. ⌣ Elle s'est emportée.
2. ⌣ Elle a chassé les mouches.
3. ⌣ Elle était très satisfaite.

Workout 119: a. mettons b. prend c. souffle d. voyagent e. s'amoncellent f. demande g. suis
h. se plaint i. va j. mijote k. invite l. brille m. connais n. parle o. gronde

119. PRÉSENT DE L'INDICATIF Put these verbs in the present!

a. C'est nous qui _ _ _ _ _ _ _ _ _ _ le couvert pour le dîner.

b. C'est l'ingénieur qui _ _ _ _ _ _ _ _ la décision d'arrêter les travaux.

c. Le vent qui _ _ _ _ _ _ _ _ _ _ me donne mal à la tête.

d. Les gens qui _ _ _ _ _ _ _ _ _ _ beaucoup ont l'esprit très ouvert.

e. Les nuages qui _ _ _ _ _ _ _ _ _ _ amènent la pluie.

f. C'est un travail qui _ _ _ _ _ _ _ _ _ _ beaucoup de temps.

g. C'est moi qui _ _ _ _ _ _ _ _ _ _ délégué au conseil de classe.

h. C'est lui qui _ _ _ _ _ _ _ _ _ _.

i. Sa mère lui a acheté une robe qui lui _ _ _ _ _ _ _ _ _ _ à ravir.

j. Le plat qui _ _ _ _ _ _ _ _ sur le réchaud répand une bonne odeur.

k. Cette fois, c'est moi qui t'_ _ _ _ _ _ _ _ _ _.

l. Tout ce qui _ _ _ _ _ _ _ _ _ _ n'est pas or.

m. C'est elle que je _ _ _ _ _ _ _ _ _ _ le mieux.

n. Je connais quelqu'un qui _ _ _ _ _ _ _ _ _ _ huit langues.

o. Le tonnerre qui _ _ _ _ _ _ _ _ _ _ fait peur aux enfants.

mettre

prendre

souffler

voyager

s'amonceler

demander

être

se plaindre

aller

mijoter

inviter

briller

connaître

parler

gronder

120. CE, SE, CES & SES Choose the correct word!

a. Le marin prépare _ _ _ _ _ _ _ filets pour la pêche.

b. _ _ _ _ _ _ _ gâteau est une spécialité de la région.

c. Le mécanicien a rangé _ _ _ _ _ _ _ clés dans sa trousse à outils.

d. Les joueurs _ _ _ _ _ _ _ rassemblent autour de leur capitaine.

e. _ _ _ _ _ _ _ que tu racontes m'intéresse.

f. Elle est en train de préparer _ _ _ _ _ _ _ affaires.

g. Je me demande _ _ _ _ _ _ _ que je vais faire l'an prochain.

h. _ _ _ _ _ _ _ sacs sont-ils à vous?

i. Il _ _ _ _ _ _ _ rétablit de son opération.

j. J'ai acheté _ _ _ _ _ _ _ tapis lors d'un voyage au Maroc.

k. Elle a confié _ _ _ _ _ _ _ enfants à une amie pour la journée.

l. On ne fait pas toujours _ _ _ _ _ _ _ que l'on veut.

m. La mine de mon crayon _ _ _ _ _ _ _ casse facilement.

n. _ _ _ _ _ _ _ chien aboie sans arrêt.

o. Le toit _ _ _ _ _ _ _ couvre de mousse.

Workout 121: a. ... le repas. b. ... une dent. c. ... du courrier. d. ... la table. e. ... leur camp vaillamment. f. ... un vieil arbre. g. ... le temps en mangeant. h. ... en service. i. ... les ordures. j. ... des forces. k. ... la vis. l. ... de papiers gras. m. ... la carafe. n. ... le gazon. o. ... ses clients.

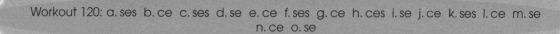

Workout 120: a. ses b. ce c. ses d. se e. ce f. ses g. ce h. ces i. se j. ce k. ses l. ce m. se n. ce o. se

121. COMPLÉTEZ LES PHRASES SUIVANTES Complete these sentences!

a. La cuisinière sert — la vis.

b. On m'a arraché — en service.

c. Il a reçu — ses clients.

d. Nous avons desservi — le repas.

e. Ils défendaient — le gazon.

f. Le bûcheron a abattu — des forces.

g. Il tue — de papiers gras.

h. L'ouvrier a remis sa machine — leur camp vaillamment.

i. Va jeter — la table.

j. Il a repris — la carafe.

k. Il va falloir serrer — du courrier.

l. Le sol était jonché — une dent.

m. Il faudrait remplir — un vieil arbre.

n. Son père a tondu — les ordures.

o. Cette entreprise a pour but de satisfaire — le temps en mangeant.

122. LE BON ORDRE Rearrange these sentences correctly!

a. Les | ciel | dans | étoiles | scintillaient | le

b. Il | sa | a | construit | maison | propre

c. La | est | sa | favorite | pêche | distraction

d. J'ai | souris | posé | la | pièges | pour | cuisine | attraper | des | dans | les

e. Il | maîtriser | pas | n'arrivait | à | cheval | son

f. Les | m'ont | Noël | sapin | aidée | décorer | à | enfants | le | de

g. Nous | bu | du | réchauffer | avons | thé | pour | nous

Workout 123: a. patiemment b. généralement c. abondamment d. bizarrement
e. nonchalamment f. silencieusement g. violemment h. méchamment i. intelligemment
j. précipitamment k. clairement l. brillamment m. doucement n. sévèrement o. élégamment

Workout 122: a. Les étoiles scintillaient dans le ciel. b. Il a construit sa propre maison. c. La pêche est sa distraction favorite. d. J'ai posé des pièges pour attraper les souris dans la cuisine. e. Il n'arrivait pas à maîtriser son cheval. f. Les enfants m'ont aidée à décorer le sapin de Noël. g. Nous avons bu du thé pour nous réchauffer.

123. ADVERBES Write in the corresponding adverb!

a. Les voyageurs ont attendu le train <u>avec patience</u>.

b. <u>De façon générale</u>, je n'aime pas ses films.

c. Ils m'ont servi de l'eau <u>en abondance</u>.

d. Ce film se termine <u>de façon bizarre</u>.

e. Il marchait <u>d'un pas nonchalant</u> sur les quais.

f. Nous sommes rentrés <u>en silence</u>.

g. Il a claqué la porte <u>avec violence</u>.

h. Il lui a répondu <u>sur un ton méchant</u>.

i. Il a agi <u>de façon intelligente</u>.

j. Les pompiers sont partis <u>de manière précipitée</u>.

k. Il a exposé son point de vue <u>de façon claire</u>.

l. Elle a réussi son examen <u>avec des résultats brillants</u>.

m. La voiture s'est arrêtée <u>en douceur</u>.

n. Ils ont été punis <u>avec sévérité</u>.

o. Elle était vêtue <u>de manière élégante</u>.

124. ANAGRAMMES Rearrange the letters of the underlined words!

a. Je vais <u>râper</u> du gruyère pour les pâtes.

b. Viens faire un <u>tour</u> avec moi.

c. Je n'ai plus <u>rien</u> à te dire.

d. J'ai mangé <u>trop</u> de chocolat.

e. Je ne trouve plus mon <u>sac</u> à main.

f. Elle est âgée, mais elle n'a pas une <u>ride</u>.

g. Le navire a levé l'<u>ancre</u>.

h. Nous avons bu une <u>coupe</u> de champagne.

i. Pourrais-tu m'accompagner à la <u>gare</u>?

j. Je vais lui servir de la glace dans un <u>cône</u>.

k. Le rôti <u>dore</u> dans le four.

l. J'ai acheté une <u>carte</u> de l'Italie.

m. Lorsqu'il sèche, le pain devient <u>dur</u>.

n. Je leur ai dit <u>merci</u> pour leur cadeau.

o. Le <u>maire</u> a prononcé un long discours.

Elle aime se _ _ _ _ _ de bijoux.

La taupe a creusé un _ _ _ _ _ dans le jardin.

Son _ _ _ _ _ droit fonctionne mal.

Toulon est un _ _ _ _ _ méditerranéen.

Dans ce _ _ _ _ _ de figure, j'agirais comme toi.

Je ne sais pas quoi lui _ _ _ _ _ pour la consoler.

Ces perles sont recouvertes de _ _ _ _ _.

Nous avons mangé sur le _ _ _ _ _.

Son chien souffre de la _ _ _ _ _.

Le repas de _ _ _ _ _ était délicieux.

Il _ _ _ _ _ dans le quartier depuis un mois.

Malheureusement, j'ai perdu sa _ _ _ _ _.

La pluie tombe _ _ _ _ _.

On l'accuse d'un _ _ _ _ _.

Le _ _ _ _ _ a remercié les invités.

Workout 125: a. où b. ou c. ou d. où e. ou f. où g. où h. où i. ou j. ou k. où l. ou m. où n. où o. ou

125. "Ou" OU BIEN "OÙ"? Use the correct word!

a. _ _ _ _ _ souhaites-tu dîner?

b. Je ne sais pas si je dois acheter _ _ _ _ _ louer un appartement.

c. Préfères-tu prendre du fromage _ _ _ _ _ un dessert?

d. Elle s'est rendue à la clinique _ _ _ _ _ elle doit accoucher.

e. Nous pouvons parler français _ _ _ _ _ allemand, ça m'est égal.

f. Je ne sais jamais _ _ _ _ _ elle va.

g. Dans le village _ _ _ _ _ je passe mes vacances, les gens sont très accueillants.

h. Je ne sais plus _ _ _ _ _ j'ai posé mes lunettes.

i. Selon le temps qu'il fait, je reviendrai ce soir _ _ _ _ _ demain.

j. Penses-tu prendre l'autoroute _ _ _ _ _ la nationale?

k. Voici la maison _ _ _ _ _ je suis né.

l. J'aimerais que tu portes un _ _ _ _ _ deux sacs pour m'aider.

m. Je ne sais pas _ _ _ _ _ aller pendant mes vacances.

n. Je lui ai montré _ _ _ _ _ il pouvait ranger ses affaires.

o. Est-ce un garçon _ _ _ _ _ une fille?

126. PASSÉ COMPOSÉ Put the following verbs in the *passé composé*!

a. Le cantonnier _ _ _ _ _ _ _ _ _ le fossé.

b. Après avoir gravi la côte, nous _ _ _ _ _ _ _ _ _.

c. Elle _ _ _ _ _ _ _ _ _ froid en sortant de la piscine.

d. Nous _ _ _ _ _ _ _ _ _ au marché aux fleurs.

e. L'avion _ _ _ _ _ _ _ _ _ avec deux heures de retard.

f. Elle _ _ _ _ _ _ _ _ _ un colis de ses parents.

g. Il _ _ _ _ _ _ _ _ _ en chemin.

h. Elle _ _ _ _ _ _ _ _ _ le plus vite possible pour me prévenir.

i. Nous _ _ _ _ _ _ _ _ _ l'atelier de montage des ordinateurs.

j. La tempête _ _ _ _ _ _ _ _ _ toute la nuit.

k. Elle _ _ _ _ _ _ _ _ _ pour ramasser un papier.

l. Elle _ _ _ _ _ _ _ _ _ le ménage dans toute la maison.

m. Ils _ _ _ _ _ _ _ _ _ à l'entraînement régulièrement.

n. Elle _ _ _ _ _ _ _ _ _ des framboises tout l'après-midi.

o. L'ouvreuse _ _ _ _ _ _ _ _ _ les spectateurs dans la salle.

nettoyer
se reposer
prendre
aller
atterrir
recevoir
s'attarder
courir
visiter
souffler
s'accroupir
faire
venir
ramasser
placer

Workout 127: a. 2 b. 1 c. 2 d. 3 e. 3 f. 1

Workout 126: a. a nettoyé b. nous sommes reposés c. a pris d. sommes allés e. a atterri
f. a reçu g. s'est attardé h. a couru i. avons visité j. a soufflé k. s'est accroupie l. a fait
m. sont venus n. a ramassé o. a placé

127. EXPRESSIONS CORPORELLES Find the corresponding expression!

a. _Elle l'a habillé de pied en cap._

1. ◡ Elle ne lui a acheté aucun vêtement.
2. ◡ Elle l'a habillé des pieds à la tête.
3. ◡ Elle lui a offert une trousse de toilette.

b. _Je me tourne les pouces._

1. ◡ Je ne fais pas grand-chose.
2. ◡ Je me suis fait mal au pouce.
3. ◡ J'ai de longs doigts.

c. _Elle est blanche comme un cachet d'aspirine._

1. ◡ Elle a pris une aspirine.
2. ◡ Elle est toute pâle.
3. ◡ Elle est bronzée.

d. _Il parle dans sa barbe._

1. ◡ Il se rase tous les jours.
2. ◡ Il est mal rasé.
3. ◡ Il marmonne.

e. _C'est un paquet de nerfs._

1. ◡ Il ne s'énerve jamais.
2. ◡ Il est très calme.
3. ◡ Il est très nerveux.

f. _Elle a le nez bouché._

1. ◡ Elle est enrhumée.
2. ◡ Elle lui a cassé le nez.
3. ◡ Il a un grand nez.

128. VRAI OU FAUX? Answer "true" or "false"!

a. Les glaciers fondent à la fin de l'hiver.   true — false

b. Le violoniste a besoin d'un archet pour jouer.   true — false

c. Généralement, les moissons ont lieu au printemps.   true — false

d. San Francisco est la capitale de la Californie.   true — false

e. Le haricot est un légume vert.   true — false

f. Le colibri est un poisson.   true — false

g. Floride est le nom français de Florida.   true — false

h. Les habitants d'Ajaccio sont corses.   true — false

i. Le fenouil est une fleur.   true — false

j. Le soleil se lève le soir et se couche le matin.   true — false

k. Les crêpes sont une spécialité bretonne.   true — false

l. Le Liechtenstein est une principauté.   true — false

m. Un cheval peut marcher, trotter ou galoper.   true — false

n. La baleine est un animal tout petit.   true — false

o. Le tournesol est une fleur jaune.   true — false

Workout 129: a. manteau b. javelot c. lionceaux d. loto e. artichaut f. eau g. taux h. défauts
i. repos j. écho k. tuyau l. studio m. gâteau n. hublot o. caniveau

129. Oh! Oh! Complete these words with the correct "-oh"!

a. Je vais m'acheter un nouveau mant_ _ _ _ _ pour l'hiver.

b. Les athlètes s'entraînent à lancer le javel_ _ _ _ _.

c. La lionne surveille ses lionc_ _ _ _ _.

d. En France, le tirage du lot_ _ _ _ _ a lieu deux fois par semaine.

e. On cultive l'artich_ _ _ _ _ en Bretagne.

f. Je vais faire chauffer de l'_ _ _ _ _ pour le thé.

g. La banque a dû relever ses t_ _ _ _ _ d'intérêts.

h. Ce produit présente de nombreux déf_ _ _ _ _.

i. Après cette longue journée, j'ai besoin de rep_ _ _ _ _.

j. En montagne, il y a de l'éch_ _ _ _ _.

k. Le tuy_ _ _ _ _ d'arrosage est percé, il faut le remplacer.

l. Ils viennent d'acheter un studi_ _ _ _ _ dans le centre.

m. J'ai préparé un gât_ _ _ _ _ aux noix.

n. Dans l'avion, j'étais assise à côté du hubl_ _ _ _ _.

o. J'ai fait tomber mes clés dans le caniv_ _ _ _ _.

130. PRÉSENT DE L'INDICATIF Put these verbs in the present tense!

a. Je _ _ _ _ _ _ _ _ beaucoup à la campagne. — se plaire

b. J'_ _ _ _ _ _ _ _ la vaisselle avant de la ranger. — essuyer

c. Le clown _ _ _ _ _ _ _ _ les enfants. — distraire

d. Elle _ _ _ _ _ _ _ _ des cartes postales à tous ses amis. — envoyer

e. Dans cette entreprise, tout le monde _ _ _ _ _ _ _ _. — se tutoyer

f. Le chien _ _ _ _ _ _ _ _ sans arrêt. — aboyer

g. Je _ _ _ _ _ _ _ _ que j'ai fait une erreur. — croire

h. Je _ _ _ _ _ _ _ _ rentrer tôt ce soir. — devoir

i. Nous _ _ _ _ _ _ _ _ des chaussures. — essayer

j. Elle _ _ _ _ _ _ _ _ le grenier. — balayer

k. Tu m'_ _ _ _ _ _ _ _ à force de poser des questions. — ennuyer

l. Cette chanson _ _ _ _ _ _ _ _ l'atmosphère. — égayer

m. Il _ _ _ _ _ _ _ _ aux besoins de sa famille. — pourvoir

n. Il _ _ _ _ _ _ _ _ de l'eau pour se rafraîchir. — boire

o. J'_ _ _ _ _ _ _ _ sur la pédale pour accélérer. — appuyer

Workout 131: a. hêtre b. amende c. dessin d. reine e. héros f. site g. cahots h. sellier i. père j. gaz k. raisonner l. entre m. pouls n. pense o. haleine

131. HOMONYMES Circle the correct word!

a. Autrefois, les sabots étaient taillés dans du **hêtre/être**.

b. Il a dû payer une **amande/amende** car il était mal garé.

c. Elle prend des cours de **dessin/dessein** chez un peintre.

d. Chaque ruche a sa **reine/renne**.

e. Siegfried est un **héraut/héros** de la tradition germanique.

f. Actuellement, il effectue des fouilles sur un **cite/site** archéologique.

g. Sur les mauvaises routes, les **cahots/chaos** rendent les voyages pénibles.

h. Le **sellier/cellier** fabrique des harnais et des selles.

i. Ils sont instituteurs de **paire/père** en fils.

j. Notre cuisinière fonctionne au **gaz/gaze**.

k. J'ai essayé de le **raisonner/résonner**, en vain.

l. Ils habitent **antre/entre** Toulouse et Carcassonne.

m. Le médecin tâte le **pouls/pou** de ses patients.

n. Malheureusement, je ne **pense/panse** pas pouvoir partir avec vous à la mer.

o. Nous avons couru à perdre **alêne/haleine**.

132. FORME NÉGATIVE Write the sentences in the negative!

a. Je me souviens très bien de lui.

----

b. Mon père se lève très tôt le dimanche.

----

c. J'ai l'intention de sortir après dîner.

----

d. Nous avons pu déjeuner sur le balcon.

----

e. Nous avions prévu de leur rendre visite.

----

f. Je sais par où passer pour aller plus vite.

----

g. Je préfère m'asseoir dans l'herbe.

Workout 133: a. jouant b. comparant c. désirant d. méprisant e. éparpillant f. forgeant
g. respectant h. marchant i. sciant j. allant k. repassant l. partant m. comptant n. écouter
o. venant

133. PARTICIPE PRÉSENT Fill in the present participle of these verbs!

a. Elle s'est brûlée en _ _ _ _ _ _ _ avec des allumettes.   jouer

b. En _ _ _ _ _ _ _ les totaux, j'ai trouvé une erreur de calcul.   comparer

c. Les voyageurs _ _ _ _ _ _ _ prendre un repas sont priés de le signaler.   désirer

d. _ _ _ _ _ _ _ le danger, il est parti au secours de ses enfants.   mépriser

e. Le vent souffle en _ _ _ _ _ _ _ les feuilles mortes.   éparpiller

f. C'est en _ _ _ _ _ _ _ qu'on devient forgeron.   forger

g. Les joueurs _ _ _ _ _ _ _ les règles du jeu ne sont pas pénalisés.   respecter

h. J'ai cassé mes lunettes en _ _ _ _ _ _ _ dessus.   marcher

i. Il s'est coupé en _ _ _ _ _ _ _ du bois.   scier

j. Pourrais-tu passer par la poste en _ _ _ _ _ _ _ au travail?   aller

k. J'ai brûlé les draps en les _ _ _ _ _ _ _.   repasser

l. N'oublie pas de passer me voir en _ _ _ _ _ _ _.   partir

m. Elle s'endort en _ _ _ _ _ _ _ les moutons.   compter

n. En les _ _ _ _ _ _ _ raconter leurs vacances, je rêvais.   écouter

o. Ils se sont perdus en _ _ _ _ _ _ _ chez nous.   venir

134. VILLES & PAYS Find the country where these people were born!

a. *Ricarda est née à Budapest,* ----→
b. *Ursula est née à Francfort,* ----→
c. *Chang est né à Hongkong,* ----→
d. *Sandra est née à Florence,* ----→
e. *Pedro est né à Barcelone,* ----→
f. *Gudrun est née à Stockholm,* ----→
g. *Haziz est né à Casablanca,* ----→
h. *Yannis est né à Athènes,* ----→
i. *Linda est née à Melbourne,* ----→
j. *Sophia est née à Bucarest,* ----→
k. *Décio est né à Sao Paulo,* ----→
l. *Boris est né à Kiev,* ----→
m. *John est né à Houston,* ----→
n. *Charles est né à Lyon,* ----→
o. *Marilia est née à Porto,* ----→

en Roumanie
en Italie
en Ukraine
en Hongrie
aux Etats-Unis
en Australie
en Chine
en Suède
en France
en Allemagne
en Grèce
en Espagne
au Brésil
au Portugal
au Maroc

Workout 135: a. Je me souviendrai longtemps de mes vacances en Australie. b. Il a retrouvé son chemin grâce à sa boussole. c. Nous avons été accueillis à bras ouverts. d. Je ne l'avais jamais vu s'énerver comme ça. e. Ils nous ont prêté leur maison pour les vacances. f. Elle est enceinte de sept mois. g. Je regrette de ne pas avoir été à cette exposition.

Workout 134: a. en Hongrie b. en Allemagne c. en Chine d. en Italie e. en Espagne f. en Suède
g. au Maroc h. en Grèce i. en Australie j. en Roumanie k. au Brésil l. en Ukraine
m. aux Etats-Unis n. en France o. au Portugal

135. REMETTEZ LES PHRASES DANS LE BON ORDRE Rearrange these sentences correctly!

a. Je | vacances | Australie | de | souviendrai | me | mes | longtemps | en

b. Il | grâce | retrouvé | a | boussole | chemin | son | sa | à

c. Nous | été | à | avons | ouverts | bras | accueillis

d. Je | ça | comme | jamais | ne | s'énerver | l'avais | vu

e. Ils | pour | prêté | leur | ont | nous | maison | vacances | les

f. Elle | mois | est | de | sept | enceinte

g. Je | exposition | de | été | ne | regrette | pas | avoir | à | cette

136. FORME INTERROGATIVE Turn these sentences into questions!

a. Il collectionne les timbres.

----

b. C'est le début de l'été.

----

c. Le train est arrivé en retard.

----

d. La police règle la circulation.

----

e. Tu l'as conduit à la gare.

----

f. Elle aspire la chambre.

----

g. Il se déplace très difficilement.

Workout 137: a. cerisier b. résumé c. thé d. quincaillier e. bûcher f. procédé g. corrigé
h. danger i. supermarché j. défilé k. balancier l. fossé m. comité n. osier o. fiancé

137. "-ER" OU "-É"? Select the correct ending!

a. Nous pourrons déjeuner sous le cerisi_ _ _ _.

b. Je dois écrire un résum_ _ _ _ pour le cours de français.

c. Nous avons ramené du th_ _ _ _ de Chine.

d. Son père était quincailli_ _ _ _.

e. Jeanne d'Arc fut condamnée au bûch_ _ _ _.

f. Je n'apprécie pas beaucoup ce procéd_ _ _ _.

g. Notre professeur ne nous a pas encore donné le corrig_ _ _ _ des exercices.

h. Ne t'inquiète pas, ils sont hors de dang_ _ _ _.

i. Je vais rarement faire mes courses au supermarch_ _ _ _.

j. Nous avons regardé le défil_ _ _ _ à la télévision.

k. Le balanci_ _ _ _ de cette horloge est très ancien.

l. Leur voiture est tombée dans le foss_ _ _ _.

m. Le comit_ _ _ _ d'entreprise propose des sorties intéressantes.

n. J'aime beaucoup les paniers en osi_ _ _ _.

o. Elle souhaiterait présenter son fianc_ _ _ _ à ses parents dès que possible.

a. Les boîtes de conserve sont _ _ _ _ _ _ _ _ sur les rayons. — empiler
b. Les campeurs ont _ _ _ _ _ _ _ _ leur tente. — dresser
c. Ces planches doivent être _ _ _ _ _ _ _ _. — raboter
d. Le record aurait été _ _ _ _ _ _ _ _ s'il n'avait pas plu. — battre
e. Un expert a _ _ _ _ _ _ _ _ les dégâts dus à l'inondation. — constater
f. Ma flèche n'a pas _ _ _ _ _ _ _ _ la cible. — atteindre
g. Les quais du port sont _ _ _ _ _ _ _ _ de marchandises. — encombrer
h. Elle a _ _ _ _ _ _ _ _ à tue-tête toute la journée. — chanter
i. En raison de la grève, les trains sont _ _ _ _ _ _ _ _ en gare. — rester
j. Il a _ _ _ _ _ _ _ _ tout son argent pour s'offrir cette voiture. — dépenser
k. Quand les enfants auront _ _ _ _ _ _ _ _ de manger, ils pourront jouer. — finir
l. La région a été _ _ _ _ _ _ _ _ par le cyclone. — ravager
m. J'ai _ _ _ _ _ _ _ _ tous mes vieux vêtements. — donner
n. Elle a _ _ _ _ _ _ _ _ toutes les factures. — régler
o. Mes voisins m'ont _ _ _ _ _ _ _ _ un escabeau. — prêter

Workout 139: a. Les enfants ont pris une douche ce matin. b. Le soleil a brillé toute la journée. c. Cette entreprise fabrique des glaces. d. Elle a fait des études de droit. e. Les cyclistes se sont reposés après une longue étape. f. Ma mère m'a offert un joli médaillon. g. Il a déchiré sa lettre.

139. RECONSTITUEZ LES PHRASES Reorganize the sentences correctly!

a. Les | pris | matin | ont | enfants | une | ce | douche

b. Le | a | journée | soleil | brillé | la | toute

c. Cette | glaces | entreprise | des | fabrique

d. Elle | de | études | fait | a | des | droit

e. Les | une | se | après | étape | reposés | sont | cyclistes | longue

f. Ma | joli | m'a | mère | un | médaillon | offert

g. Il | déchiré | lettre | a | sa

140. PROVERBES Complete these proverbs!

a. Qui s'y frotte,
b. On ne peut pas être
c. Une fois
d. La raison du plus fort
e. Qui dort,
f. Il ne faut pas mettre la charrue
g. Tout passe, tout casse,
h. La nuit,
i. Un homme averti
j. Tout nouveau,
k. Qui va à la chasse,
l. Autres temps,
m. A l'impossible,
n. Chacun son métier,
o. Un malheur

- n'est pas coutume.
- avant les bœufs.
- en vaut deux.
- tout beau.
- s'y pique.
- autres mœurs.
- perd sa place.
- nul n'est tenu.
- les vaches seront bien gardées.
- dîne.
- est toujours la meilleure.
- n'arrive jamais seul.
- et avoir été.
- tous les chats sont gris.
- tout lasse.

Workout 140: a. … s'y pique. b. … et avoir été. c. … n'est pas coutume. d. … est toujours la meilleure. e. … dîne. f. … avant les bœufs. g. … tout lasse. h. … tous les chats sont gris. i. … en vaut deux. j. … tout beau. k. … perd sa place. l. … autres mœurs. m. … nul n'est tenu. n. … les vaches seront bien gardées. o. … n'arrive jamais seul.